# FRAUENPERSPEKTIVEN

## IN KARLSRUHE

Text und Interviews
CHRISTIANE MÖSCHLE

Fotografien
KATJA SIEVERS

PANIMA

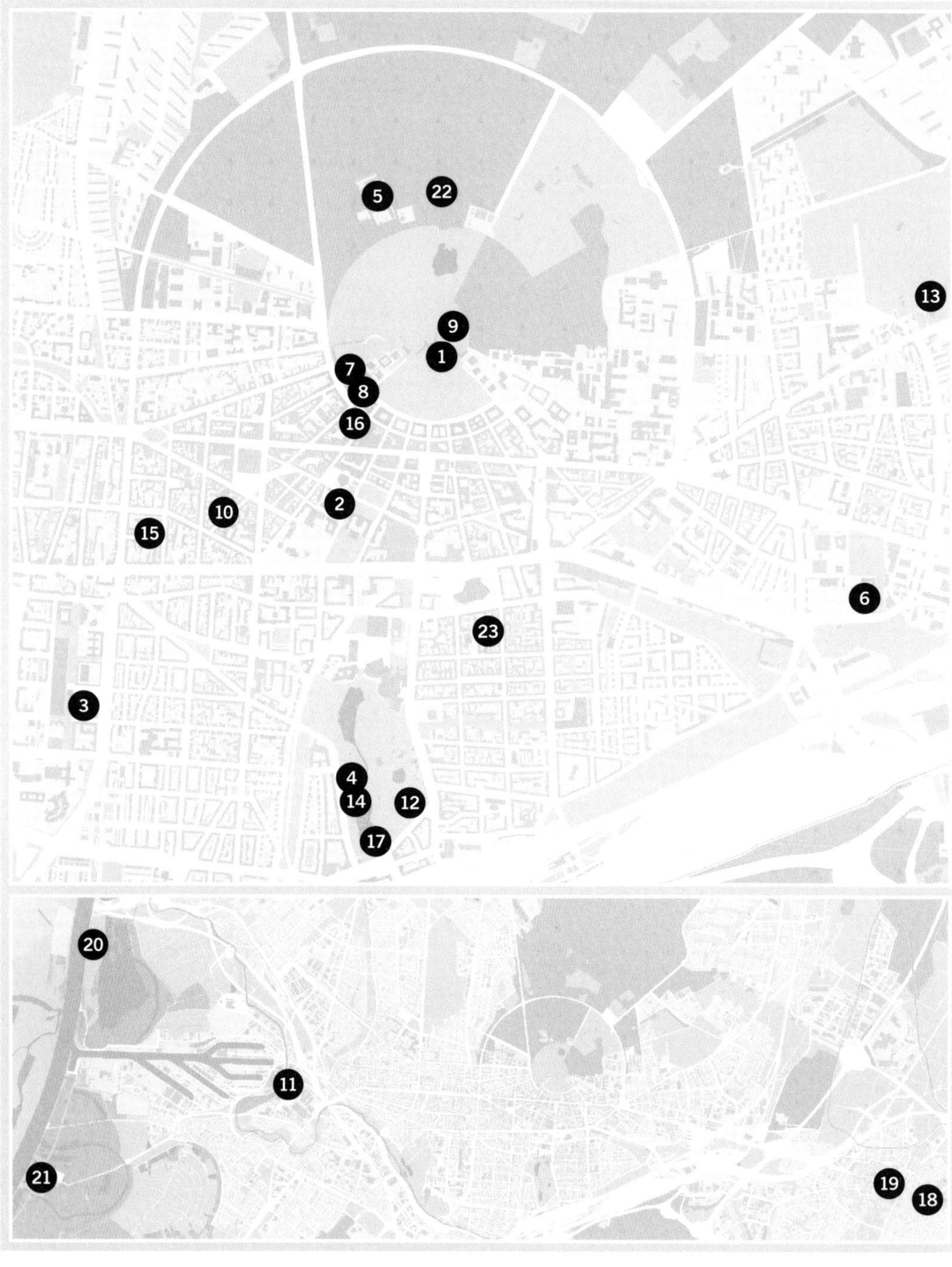
5
22
13
9
1
7
8
16
2
10
15
6
23
3
4
14
12
17
20
11
21
19
18

# INHALT

*»Ich bin diesmal auch in Karlsruhe gewesen, und es ist schade, daß Du diese Stadt, die wie ein Stern gebaut ist, nicht gesehen hast. Sie ist klar und lichtvoll wie eine Regel, und wenn man hineintritt, so ist es, als ob ein geordneter Verstand uns anspräche.«*

1801 unternahm HEINRICH VON KLEIST (1777–1811) eine Reise nach Frankreich und in die Schweiz, von der er seiner Schwester Ulrike (1774–1849) berichtete. Auf dieser Reise entdeckte er seine Bestimmung zum Dichter.

# VORWORT

»Und angenehm läßt sich in dieser Stadt schon leben, wenn sie auch erst nach einem gewissen Zeitmaß für sich einnimmt. Karlsruhe – das ist Liebe auf den zweiten Blick, keine stürmische, aber eine dauernde.« Wie Hubert Doerrschuk, alias Amadeus Siebenpunkt, der in den »Badischen Neuesten Nachrichten« Feuilletons veröffentlichte, erging es auch mir mit dieser Stadt. Ich kannte sie seit meiner Jugend von gelegentlichen Einkaufstouren mit meiner Familie, wir wohnten dreißig Kilometer entfernt, und Karlsruhe war die nächstgelegene Großstadt. Eigentlich kannte ich nur die Fußgängerzone. Wir parkten im Parkhaus unter dem Friedrichsplatz, gingen die Fußgängerzone einmal rauf und runter und fuhren wieder nach Hause. Karlsruhe war für mich eine Stadt, an der ich auf meinem Weg nach München, wo ich studierte, regelmäßig vorbeifuhr, der gegenüber ich aber hartnäckige Vorurteile pflegte, weil ich eben nur die Fußgängerzone kannte. Niemals hätte ich mir vorstellen können, hier zu wohnen. Sag niemals nie, und so kam es, dass ich der Liebe wegen 2001 doch hier landete. Auf diesen zweiten Blick lernte ich die Stadt überhaupt erst kennen und entdeckte, dass sie gar nicht so übel ist, wie ich ihr immer unterstellt hatte, dass es sogar sehr schöne Orte und Plätze gibt, an denen man sich sehr wohl fühlen kann.

Nach einiger Zeit begann ich, mich aus beruflichen Gründen mit Karlsruher Künstlerinnen zu beschäftigen. Ich recherchierte, wer hier alles schon gelebt hat, wer in dieser Stadt geboren wurde, wer in irgendeiner Verbindung zu ihr stand, und plötzlich füllte sie sich für mich mit interessanten Geschichten. Auch wenn ich vorher schon fast überzeugte Karlsruherin geworden war, sah ich die Stadt nun in völlig anderem Licht und war fasziniert davon, welche Frauen hier ihre Wurzeln hatten oder ihre Spuren hinterlassen haben. Ich begann, Vorträge über sie zu halten und entdeckte immer mehr Künstlerinnen und Wissenschaftlerinnen. Wenn ich nun durch die Stadt lief oder wie so oft mit dem Fahrrad fuhr, hatten viele Orte und Häuser eine neue Bedeutung. Fast täglich laufe ich am Großelternhaus der Schriftstellerin Marie Luise Kaschnitz in der Stephanienstraße vorbei oder schicke ihr in Gedanken einen Gruß, wenn ich in der Waldstraße an ihrem Geburtshaus vorbeiradle. Denke beim Schloss nicht nur an unseren Stadtgründer, sondern vor allem an die Frau seines Enkels Karl Friedrich, Karoline Luise, der »Vielwisserin und Vielfragerin von Baden«, die nicht nur als Mäzenin einen Ruf weit über Karlsruhe hinaus erlangte, sondern auch als Kunstsammlerin und Botanikerin den Grundstein für zwei Karlsruher Museen legte: dem Naturkundemuseum und der Kunsthalle.

Durch das Entdecken so vieler interessanter Frauen betrachtete ich die Stadt mit ganz anderen, respektvolleren Augen. Ihre weibliche Geschichte machte sie für mich noch lebenswerter. Natürlich entdeckte ich auch viele Männer, die das kulturelle Leben der Stadt prägten, wovon ich den einen oder anderen nicht weniger schätze. Doch über die weiß man viel, und über sie wurde auch schon viel geschrieben. Von Berufs wegen sind es die Frauen, denen mein größeres Interesse gilt.

Als ich mich nicht nur mit den historischen Frauen, sondern auch mit den Künstlerinnen und Wissenschaftlerinnen beschäftigte, die sich im zeitgenössischen Kulturleben der Stadt engagieren oder die hier zum Teil aufgewachsen sind, entstand die Idee für dieses Buch. Wer kennt die Frauen, die heute in der Stadt wirken, sie prägen und ihr ein weibliches Gesicht geben?

Das sind in Karlsruhe sehr viele Frauen. So viele, dass dieses Buch nur eine Momentaufnahme sein und einen Ausschnitt präsentieren kann. Auf der spannenden Suche nach interessanten Frauen fanden Begegnungen statt, durch die sich mir neue Perspektiven auf die Stadt eröffneten.

24 Frauen aus Kunst und Kultur, Design und Wissenschaft stellen uns einen Ort der Stadt vor, der für sie von besonderer Bedeutung ist. Einige Frauen kannte ich bereits, weil ich mit ihnen befreundet oder ihnen früher schon begegnet bin, andere lernte ich jetzt kennen. Und wieder überraschte mich die Stadt. Jede Begegnung war einzigartig, und ich war begeistert, was für Frauen hier in der Stadt leben, arbeiten oder hier geboren sind. Wie schon nach meinen Begegnungen mit den historischen Frauen erlebte ich auch jetzt die Stadt auf neue Art und Weise. Nicht nur durch die Orte, die sie uns zeigten, sondern auch durch die Gespräche und ihre Erzählungen. Einige Frauen haben ihre Geschichte zum Ort selbst aufgeschrieben, mit den anderen habe ich ein Gespräch geführt. Von allen eigenen Texten und von allen Erzählungen war ich gleichermaßen berührt und begeistert.

Mir fiel auf, dass es für jede Frau ein historisches Pendant gibt, für die Musikerin, die Schriftstellerin, die Malerin, die Modedesignerin, die Salonière, die Fotografin oder die Juristin. Bevor wir uns also den Frauen zuwenden, die heute das kulturelle Leben der Stadt durch ihre Arbeit und ihr Schaffen bereichern und prägen, lassen Sie uns einen Spaziergang auf den Spuren der historischen Frauen machen. Entdecken Sie die Orte dieser Stadt neu oder wieder und lassen Sie sich überraschen von den Perspektiven, die ihnen die Frauen durch ihren Blick und ihre Offenheit eröffnen.

Durch die Arbeit an diesem Buch lernte ich eine Frau besonders gut kennen, die Fotografin Katja Sievers. Ihre Fotografien füllen die Orte für den Betrachter mit Leben und zeigen sie ebenfalls aus einer besonderen Perspektive. Auch hier sind es Momentaufnahmen, scheinbar im Vorübergehen erfasst, Ausschnitte, die das Besondere des Ortes und der Frauen hervorheben. Mit ihrem feinfühligen Blick auf die Frauen fängt sie ihre Stimmungen und Gedanken ein. Nicht nur die Frauen erzählen uns ihre Geschichte über einen Ort, sondern auch die Fotografien von Katja Sievers.

*Christiane Möschle*

*»Und ich fragte Hermine, ob sie nicht noch mehr dergleichen schreiben wolle. Ich hatte sofort den Eindruck, daß hier ein wirkliches Talent in naiver Weise sich äußerte.«*

ANNA ETTLINGER, geboren 1841 in Karlsruhe, über HERMINE VILLINGER, geboren 1849 in Freiburg, ab 1850 in Karlsruhe lebend.

PROLOG

# Geniale Frauen

Wenn ich aus dem Fenster unseres Wohnzimmers schaue, blicke ich an der Ecke zur Kaiserstraße auf ein Haus, in dem von November 1868 bis März 1869 die berühmte französische Mezzosopranistin Pauline Viardot-García (1821–1910) mit ihrer Familie eine großzügige Wohnung mit Salon bewohnte: ein großes stattliches, grün gestrichenes Gebäude mit schöner Fassade, heute Kaiserstraße 247. Clara Schumann schrieb 1867 an Johannes Brahms: »… sie ist die genialste Frau, die mir je vorgekommen, und wenn ich sie so sitzen sah am Klavier, das Alles mit der größten Leichtigkeit leitend, so wurde mir weich ums Herz, und ich hätte sie vor Rührung an mich drücken mögen.« 1864 und 1865 gab Viardot-García unter der Leitung von Hermann Levi und Joseph Strauss fünf Gastspiele am Karlsruher Hoftheater. Im Januar 1870 hatte sie einen letzten Auftritt in Karlsruhe: Auf besonderen Wunsch des Großherzogenpaars Friedrich und Luise wurde ihre Operette »Der letzte Zauberer« am Großherzoglichen Hoftheater aufgeführt. Viardot-García sang die Rolle des Prinzen Lelio. Das französische Libretto hat Viardot-Garcías Freund Iwan Turgenjew verfasst. Allerdings wurde die Operette in Karlsruhe nicht wohlwollend aufgenommen, vor allem Turgenjew stand in der Kritik, denn man meinte, in seinem Libretto, in dem Elfen, Zauberer und Riesen Hauptakteure sind, eine Parodie auf die geliebten Wagner-Opern zu erkennen. Die Karlsruher verstanden Turgenjews Humor sowie seine Anspielungen auf die politische Situation in Frankreich und Napoleon III. nicht. Nach zwei Aufführungen wurde die Operette abgesetzt. Kurze Zeit nach der Aufführung musste Pauline Viardot-García Deutschland wegen des Deutsch-Französischen Kriegs verlassen.

Am 6. November 1864 wurde in der Herrenstraße 48 im Haus von Hermann Levi (1839–1900), der von 1864 bis 1872 das Hoforchester leitete, mit Clara Schumann und Mitgliedern der Hofkapelle das Klavierquintett f-moll op.34 von Johannes Brahms uraufgeführt. Zwischen 1862 und 1879 besaß Clara Schumann ein Haus in Baden-Baden und war oft Gast im Salon von Pauline Viardot-García. 1863 wirkte Clara Schumann in Pauline Viardot-Garcías letztem öffentlichen Konzert als Sängerin mit. Die beiden kannten sich seit 1838 und hatten sich in Leipzig kennengelernt. Bis zu Claras Tod hielten sie den Kontakt, wenn er auch nach Paulines Rückkehr nach Frankreich nur noch sporadisch war. Das letzte Mal trafen sich die »ältesten Freundinnen dieses Jahrhunderts«, wie Pauline Viardot an Clara schrieb, 1884 in Frankfurt.

Schräg gegenüber in einem Haus an der Ecke zur Baischstraße hatte die Malerin Clara Kress (1899–1971) bis zum Zweiten Weltkrieg ein Atelier im Dachgeschoss. Sie lebte seit 1928 in Karlsruhe in einer kleinen Dachwohnung in der Dragonerstraße 3 in der Weststadt. Ihre Ausbildung machte sie an der Badischen Landeskunstschule (später Staatliche Akademie der Künste). Auch bei Paul Klee, der in Düsseldorf lehrte, hatte sie Unterricht. Clara Kress schuf als Malerin, Zeichnerin, Textilkünstlerin und Kunsthandwerkerin ein vielfältiges Werk. Kurz vor ihrem Tod 1969 zog sie in ein eigenes Haus in der Bürklinstraße 6 in der Südweststadt.

In Gedanken laufe ich ein Stück weiter die Stephanienstraße entlang in Richtung Botanischer Garten. Im Haus Nr. 25 wohnte die Familie von Holzing-

Berstett, die Großeltern der in Karlsruhe geborenen Schriftstellerin Marie Luise Kaschnitz: »Die Großeltern väterlicherseits, die alten Holzings, waren, als ich ein Kind war, schon sehr alt, ich erinnere mich fast nicht mehr an sie. Ich entsinne mich aber deutlich ihres Hauses in der Stephanienstraße, besonders an den Geruch in der Wagendurchfahrt und an den Schatten der Kastanien in dem kleinen Garten.« Die Stephanienstraße war damals eine der angesehensten Wohnstraßen von Karlsruhe, hier lebten Universitätsprofessoren, Regierungsbeamte, Offiziere und Gesandte der Residenzstadt. In ihrem Werk hat Marie Luise Kaschnitz die Orte ihres Lebens mannigfach literarisch verarbeitet, so auch Karlsruhe. Geboren wurde sie am 31. Januar 1901 in der Waldstraße 66 an der Ecke zur Sophienstraße als Marie Luise Josephine von Holzing-Berstett. In diesem Jahr überschritt Karlsruhe die Marke von 100.000 Einwohnern und wurde zur Großstadt, die Großherzogliche Majolika Manufaktur bezog ihre Räume in der Hoffstraße, der neue Rheinhafen wurde in Betrieb genommen, und Frauen in Baden erhielten das Recht, sich an Universitäten einzuschreiben, was einmalig im Deutschen Reich war.

Ihre Tante Karoline von Holzing-Berstett (1868–1964) war mit Arthur von Brauer verheiratet, der von 1893 bis 1905 das Ministerium des Großherzoglichen Hauses und der Auswärtigen Angelegenheiten leitete, dessen wichtigstes Ressort die Verwaltung der Badischen Staatseisenbahn war. Der damalige Chefredakteur der »Badischen Presse« in Karlsruhe Albert Herzog beschreibt Karoline als »liebenswürdig und hochgebildet«, ihren Mann als »elegante Erscheinung«, in der »wenig Höfisches zu finden« war: »Brauer war kein Minister der alten Schule, aber man hatte volle Achtung vor seiner aufrechten und aufrichtigen Gesinnung, mit der er auch seine Gegner entwaffnete.« Davon hatte er viele, als er durchsetzte, dass der alte Karlsruher Bahnhof von der Kriegsstraße an seinen heutigen Ort verlegt wurde. Zwei Jahre lang brachte der Streit über die Verlegung die ganze Einwohnerschaft der Stadt durcheinander: »Die Karlsruher werden mir noch einmal aus Dankbarkeit für meine unbeirrte Haltung am neuen Bahnhof ein Denkmal setzen.« Das geschah nicht, lediglich eine Straße benannten sie nach ihm, an der heute eine bedeutende Kulturinstitution zu Hause ist, das Zentrum für Kunst und Medien (ZKM).

Doch die Karlsruher Wurzeln von Marie Luise Kaschnitz reichen noch tiefer in die Stadtgeschichte, mütterlicherseits bis zum Sohn des Stadtgründers: Wilhelm Ludwig von Baden-Durlach hatte eine morganatische Beziehung zu Christine Wilhelmine Franziska Schortmann, aus der die Freiherren von Seldeneck hervorgingen. Wilhelm Ludwig von Seldeneck (1766–1827), der älteste Sohn von Wilhelm und Christine, gilt als Stammvater aller Seldenecks und ist der Urururgroßvater von Marie Luise Kaschnitz. Stadtgründer Karl Wilhelm ist also ihr Ururururururgroßvater.

Bereits ein Jahr nach ihrer Geburt zog die Familie nach Potsdam und dann nach Berlin, doch Karlsruhe blieb ihre geliebte »Ferienheimat«, und auch in späteren Jahren kehrte sie immer wieder hierher zurück. Karlsruhe ist auch der Ort, in dem ihre erste literarische Arbeit veröffentlicht wurde. In den Sommerferien 1918 fuhr ihr Großvater Seldeneck mit ihr nach München, sie besuchten Museen und gingen jeden Abend in die Oper, hörten »Tristan und Isolde« und die »Götterdämmerung«. Dieses Erlebnis inspirierte sie zu ihrer Skizze »Der Geiger«, die am 1. Februar 1919 in der Badischen Presse abgedruckt wurde. Nach den Sommerferien blieb sie noch ein weiteres Jahr in der Stadt und besuchte das Viktoria-Pensionat in der Karl-Wilhelm-Straße, eine Internatsschule, die unter der Schirmherrschaft von Großherzogin Luise stand: »Ich war ein Jahr lang extern in der obersten Klasse des Viktoriapensionats. Wir hatten ausgezeichneten Unterricht, besonders in Sprachen und Literatur. Ich freue mich aber doch jeden Tag, dass ich nicht dort eingesperrt war, sondern mittags nach Hause, das heißt zu meinem Großvater gehen konnte. Die Sommernachmittage verbrachte ich damals auf den Tennisplätzen in der Nähe der Kasernen an der Mühlburger Allee«, erzählt sie in ihrer autobiographischen Prosa.

1951, 1960 und 1968 kam sie zu Dichterlesungen hierher, 1958 hielt sie sich eine zeitlang im Diakonissenkrankenhaus in Rüppurr auf, und 1967 besuchte sie die Bundesgartenschau.

Noch lange könnte ich bei ihr und ihren Spuren in Karlsruhe verweilen, in ihrem Werk finden sich so viele Beschreibungen der Stadt, in ihren Tagebüchern sind ihre Besuche festgehalten. Doch ich gehe weiter zum Botanischen Garten, vorbei am Landgericht, in dem ehemals das Kreis- und Hofgericht des Großherzogtums untergebracht war. Die Seitenfassade an der Stephanienstraße ist aufwendiger gestaltet als die Hauptfassade in der Hans-Thoma-Straße. Hier befindet sich der Schwurgerichtssaal. In einer Nische in der ersten Etage steht die allegorische weibliche Figur »Lex« des Karlsruher Bildhauers Hermann Volz (1847–1941) mit aufgeschlagenem Gesetzbuch. Ein paar Fenster weiter ihr Pendant »Jus«, eine männliche Figur mit einem Schwert als Symbol für die Hochgerichtsbarkeit.

Gegenüber dann der Botanische Garten, die Kunsthalle, dahinter das Bundesverfassungsgericht. Erna Scheffler (1893–1983) wurde 1951 als erste und lange auch einzige Frau ins Bundesverfassungsgericht berufen. Sie hat entscheidend an der rechtlichen Umsetzung des Artikels 3 Abs. 2 des Grundgesetzes mitgewirkt, der die Gleichberechtigung von Mann und Frau einfordert. Sie setzte sich für die Zugewinngemeinschaft ein, sie trug dazu bei, dass die Stellung der Frau sich rechtlich entscheidend verbesserte, unter anderem als 1959 der »Stichentscheid« für ungesetzlich erklärt wurde. Ihren Kampf für Gleichberechtigung sah sie nicht als Kampf gegen die Männer, sondern als Kampf für die Gerechtigkeit. Erna Scheffler blieb bis 1963 Mitglied des 1. Se-

nats des Bundesverfassungsgerichts. Ihr zu Ehren vergibt der Soroptimist-Club Karlsruhe, dessen Gründungsmitglied sie war, alle zwei Jahre den Erna-Scheffler-Preis, der die wissenschaftliche Leistung junger Frauen würdigt.

Vorbei am Schloss, in dem die Markgräfin Karoline Luise ihr hochkarätiges Malereikabinett aufbaute und die Großherzoginnen Sophie, die Schwedenprinzessin und Gemahlin von Leopold I., Luise, eine der bedeutendsten deutschen Fürstinnen und Mutter des Roten Kreuzes, und Hilda, eine schüchterne Beobachterin, die stets im Schatten ihrer Schwiegermutter Luise stand, gelebt haben.

Der Zirkel ist ein Straßenzug südlich des Schlosses, der als Teil des Karlsruher Fächers im Halbrund in knapp 430 Metern Entfernung vom Schlossturm angelegt wurde. Hier wohnten privilegierte Bürger, Beamte und Offiziere. In einem der hochherrschaftlichen Gebäude mit prachtvollem Garten, Pferdestall und Remise, im Haus Nr. 25 an der Ecke zur Herrenstraße, lebte ab 1790 Goethes Nichte Maria Anna Luise Schlosser, genannt Lulu, Tochter seiner Schwester Cornelia und ihres Mannes Johann Georg Schlosser, der Direktor des Hofgerichts war. Das Haus existiert nicht mehr, es wurde im Zweiten Weltkrieg zerstört. Lulu Schlosser verließ Karlsruhe 1794 als Verlobte von Ludwig Nicolovius und starb 1811 mit 37 Jahren. Ihren berühmten Onkel lernte sie nie kennen. Von ihr sind viele Briefe erhalten, die in ihrem Stil sehr an ihre Großmutter Catharina Elisabeth Goethe erinnern, die in ihrer Enkeltochter ihr Naturell wiedererkannte. Mutter Goethe war eine geistreiche und warmherzige Frau. Von ihr sind über 400 Briefe erhalten, die voller Witz und Selbstbewusstsein sind: »Zwar habe ich die Gnade von Gott, daß noch keine Menschenseele mißvergnügt von mir weggegangen ist – weß Standes, alters und Geschlecht sie auch geweßen ist«, schreibt sie 1785 an ihre Freundin Charlotte von Stein.

Unweit des Zirkels schweife ich kurz ab zur Universität, an der viele namhafte Wissenschaftler gelehrt haben. Unter ihnen der Chemiker Fritz Haber. Sein Name ist im Gegensatz zu dem seiner Frau, einer begabten Chemikerin, in den Geschichtsbüchern verankert, unter anderem wegen der Ammoniaksynthese, für die er den Nobelpreis bekommen hat. Clara Immerwahr, die erste im Deutschen Reich promovierte Chemikerin (1900), lebte von 1901 bis 1911 in Karlsruhe, wo sie Vorträge über »Chemie in Küche und Haushalt« hielt. Ihre Wohnung befand sich in der Moltkestraße im vornehmen Stadtteil Hardtwald. Zunächst durfte sie ihrem Mann assistieren und an der Hochschule experimentieren, doch die schöne Zeit währte nicht lange. Ihr Mann erwartete von ihr, »dass sie jetzt anfangen müsse, stolz zu werden und in ihrem Haus zu repräsentieren.« Als sie schwanger wurde, endete ihre Zeit im Labor. Zur damaligen Zeit endete für eine Frau, zumal für eine Jüdin, die akademische Laufbahn bei der Laborassistentin – Doktortitel hin oder her.

Ihr Mann wurde 1906 zum ordentlichen Professor für physikalische Chemie und war außerdem Präsident der Karlsruher Chemischen Gesellschaft. Sein Institut profilierte er als Forschungszentrum für die Industrie. Clara war das Streben ihres Mannes fremd und mit ihrem Verständnis von Wissenschaft nicht vereinbar. 1911 wurde ihr Mann Leiter des neu gegründeten Kaiser-Wilhelm-Instituts in Berlin, das heute seinen Namen trägt. Er begann mit Giftgasversuchen an lebenden Tieren, was für sie unerträglich war. Ihrer Meinung nach soll die Wissenschaft dem Leben neue Einsichten vermitteln und es nicht vernichten. Was ihr Mann dann im Ersten Weltkrieg als militärische Pflicht formulierte, empfand sie als Missbrauch der Wissenschaft, als moralische Verantwortungslosigkeit. Es gelang ihr nicht, ihn zu überzeugen. Am 1. Mai 1915 ließ sich ihr Mann als Kriegsheld und neu ernannter Hauptmann feiern, weil bei einer Vernichtungsschlacht in Flandern am 22. April 1915 tausende gegnerische Soldaten den elenden Gastod fanden. Fritz Haber hatte das Gasgemisch entwickelt und sich für seinen Einsatz stark gemacht, obwohl Giftgas als Kampfmittel verboten war. Er trug als Abteilungsleiter die Verantwortung für das gesamte Kampfgaswesen und gilt als Pionier der chemischen Kriegsführung.

Am frühen Morgen des 2. Mai 1915 erschoss sich seine Frau mit seiner Dienstwaffe. Die Gründe für die Tat wurden in der Öffentlichkeit vertuscht, ihr Abschiedsbrief vernichtet. Heute weiß fast niemand, dass Clara Immerwahr zu den ersten Wissenschaftlerinnen überhaupt gehörte, die sich mit physikalischer Chemie beschäftigten, dass sie ihr Studium mit einer besseren Note abschloss als ihr Mann, dass sie eine überzeugte Pazifistin war, die Bertha von Suttner bewunderte, dass ihr Mann nach dem Ersten Weltkrieg in die Schweiz floh, weil er auf der Kriegsverbrecherliste stand, nach einer Anhörung jedoch entlastet wurde, und dass es bei der Verleihung des Nobelpreises heftige Proteste gab. In Karlsruhe erinnert ein Platz in der neuen Südoststadt nicht nur an Clara Immerwahr, denn er trägt den Namen »Clara-Immerwahr-Haber-Platz«.

Mich hat die Geschichte dieser intelligenten Frau sehr berührt, und so reisen meine Gedanken still weiter zu all den vielen anderen mehr oder weniger berühmten Frauen, die hier in Karlsruhe ihre Spuren hinterlassen haben.

Da ist die Literaturdozentin, Schriftstellerin und Kritikerin Anna Ettlinger (1841–1934), die den größten Teil ihres Lebens im elterlichen Haus in der Zähringer Straße 42 verbrachte, bevor sie 1904 in die Bismarckstraße 77 zog, »in eine schönere Straße mit Kastanienbäumen vor dem Fenster«, wie sie in ihren Lebenserinnerungen schreibt. Das Elternhaus befand sich im »Dörfle«, dem ältesten Viertel Karlsruhes, für damalige Verhältnisse ein modernes Haus: »Anderswo würde man es ein einstöckiges Gebäude nennen, in Karlsruhe bezeichnet man das Erdgeschoß als ersten Stock, die eine Treppe hoch gelegene Wohnung als zweiten Stock. Es hat ein Hinterhaus mit Stallung für vier Pferde und eine Wagenremise in dem ziemlich großen Hof«. In ihren Erinnerungen beschreibt Anna Ettlinger sehr anschaulich dieses große Anwesen zwischen Fritz-Erler- und Waldhornstraße, das leider nicht mehr existiert.

Ihr Vater Dr. Veit Ettlinger war Obergerichtsadvokat, zeitweilig auch Stadtrat und Mitglied des badischen Oberrats der Israeliten. Ihre Familie ist fast seit der Gründung der Stadt nachweisbar. Anna Ettlinger setzte sich für die familiäre und gesellschaftliche Emanzipation der Frau ein, die sie durch die Verbesserung der Bildungschancen für Frauen gewährleistet sah. Sie setzte sich auch für die Gründung des ersten Mädchengymnasiums des deutschen Reichs in Karlsruhe ein, dem heutigen Fichte-Gymnasium in der Sophienstraße, und hielt Vorträge über literatur- und musikwissenschaftliche Themen im gesamten Deutschen Reich.

Anna Ettlinger war nie verheiratet und schaffte es als erste Frau in Karlsruhe, von ihrer Arbeit als freischaffende Literaturdozentin zu leben, obwohl es für sie nicht möglich gewesen ist, das Abitur abzulegen oder ein Studium zu absolvieren. Ihr Freundeskreis war prominent besetzt, darunter waren Hermann Levi, Johannes Brahms und die Schriftstellerin Hermine Villinger, deren Texte sie lektorierte. Ihr gastfreundliches Haus, die »Ettlingerei«, war ein Begriff in Karlsruhe.

Ich laufe die Zähringer Straße weiter in Richtung Marktplatz und komme bei der burschikosen Marktfrau vorbei, die selbstbewusst, aber etwas versteckt auf ihrem Sockel hinter der Kleinen Kirche steht. Die Steinfigur des Bildhauers Hermann Föry trägt die typische Tracht der Karlsruher Marktfrauen: ein langes, glockenförmig fallendes Kleid mit Schürze und einer umhängenden Geldtasche. Hinter der kleinen Kirche befanden sich die Aborthäuschen der Marktbetreiber, die vor allem von den Marktfrauen oft aufgesucht wurden. Als 1926 der Wochenmarkt auf das ehemalige Bahnhofsgelände an der Kriegsstraße verlegt wurde, riss man sie ab. Der Vorschlag von Stadtbaudirektor Friedrich Beichel, bekannt für seine Sturheit und sein Sitzfleisch, eine Bildsäule mit der Figur einer typischen Marktfrau auf den nun leeren Platz zu stellen, stieß zunächst auf Ablehnung. Der Stadtrat fand eine einfache Marktfrau in der Nachbarschaft eines Gotteshauses unpassend. Doch Beichel hielt an seiner Idee fest, und fünf Monate später hatte er eine Mehrheit dafür gewonnen. Gelassen, ein wenig von oben herab, von vielen unbeachtet, die an ihr im Tempo der neuen Zeit vorbeieilen, beobachtet sie etwas verwundert das heutige städtische Treiben aus ihrer Perspektive der einfachen Landfrau.

Ich grüße die Marktfrau und ziehe weiter über den Marktplatz, vorbei am Rathaus, wo an der Ecke zur Lammstraße ein Haus stand, in dem die Karlsruher Komponistin Margarethe Schweikert (1887–1957) das Licht der Welt erblickt hat, in der Zähringer Straße 106. Sie war eine feste Größe im Karlsruher Musikleben und darüber hinaus, gab zahlreiche Konzerte als Violinistin und komponierte auch. Neben Chorwerken, Kompositionen für Klavier und Orgel sowie Kammermusik, vor allem Lieder, meist zu Gedichten zeitgenössischer Autorinnen und Autoren. Die Karlsruher Zeitung begleitete ihre Auftritte und Kompositionen sehr wohlwollend. Im April 1921 konnte man lesen: »Ebenso hat man deutlich aus den Schweikertschen Liedern gefühlt, dass für diese Künstlerin das Komponieren eine seelische Angelegenheit und nicht Handwerk ist.«

Mit elf Jahren schenkte sie ihrem Vater zum Geburtstag einen Vers, in dem sie sich beklagte, dass er lieber im Schaukelstuhl sitze als ihr Geigenstunden zu geben. Mit einundzwanzig Jahren wünschte sie sich anlässlich ihrer Volljährigkeit eine hochwertige Geige anstatt einer Aussteuer. Sie war eine selbstbewusste junge Frau, die kein Lampenfieber kannte und gern vor Publikum auftrat. Der Erste Weltkrieg beendete ihre vielversprechende musikalische Karriere. Danach unterrichtete sie, doch auch das wurde ihr ab 1933 verboten. Von nun an war ihr nur noch ehrenamtliches Konzertieren fernab vom etablierten Kulturbetrieb gestattet. Nach dem Zweiten Weltkrieg gelang ihr noch einmal eine kreative Schaffensphase. Außerdem wurde sie Gründungsmitglied der GEDOK, ab 1950 Fachbeirätin für Musik und ab 1955 bis zu ihrem Tod 1957 deren Vorsitzende. Die GEDOK hat es sich seit einigen Jahren zur Aufgabe gemacht, das Werk von Margarethe Schweikert zu publizieren und wieder aufzuführen.

Mein Weg führt weiter über den Friedrichsplatz in die Erbprinzenstraße. Links die Badische Landesbibliothek, rechts die katholische Stadtkirche St. Stephan mit dem Altarbild der badischen Hofmalerin Marie Ellenrieder (1791–1863). Sie war die erste Frau, die an der Münchner Kunstakademie studierte. 1820 war ihr erster Aufenthalt in Karlsruhe, um das Erbprinzenpaar Leopold und Sophie zu malen. 1828 erhielt sie den Auftrag, in der von Friedrich Weinbrenner errichteten Stephanskirche das Altarbild »Steinigung des heiligen Stephanus« zu malen. Aufgrund seiner enormen Größe von 4,70 auf 3,20 Meter wurde für sie ein spezieller Arbeitsraum eingerichtet. 1832 erhielt sie den Auftrag zu einem großen Familienbild der großherzoglichen Familie mit ihren Kindern. Die Karlsruher Kunsthalle besitzt mehrere Gemälde von Ellenrieder, unter anderem ihr Selbstbildnis aus dem Jahr 1818 und »Maria mit dem Jesusknaben«, das 1831 entstand. Großherzog Ludwig ernannte sie 1829 zur Hofmalerin, und der Badische Kunstverein verlieh ihr als erster Frau die Goldene Medaille für Kunst und Wissenschaft.

Ein Stück weiter in der Herrenstraße Nr. 12 gegenüber vom Bundesgerichtshof hatte die gebürtige Karlsruherin Emilie Schoch, genannt Emmy (1881–1968), ab 1906 ein Atelier für moderne Frauenbekleidung. Sie war eine Pionierin der Reformkleider und befreite die Frauen aus dem Korsett. Innerhalb weniger Jahre war ihr Atelier das bedeutendste seiner Art, 1914 hatte sie bereits sechzig Mitarbeiterinnen und Mitarbeiter. Ihre Kleider verkaufte sie nicht nur deutschlandweit, sondern dank Katalog- und Versandhandel auch in der Schweiz und in Paris.

Gehe ich weiter in die südliche Waldstraße, komme ich am Elternhaus der Schriftstellerin Hermine Villinger (1849–1917) vorbei, das in der Waldstraße 42 steht. Nach dem Tod ihrer Mutter zog sie in eine Wohnung in der Jahnstraße 1, wo sie bis an ihr Lebensende blieb. Zu Lebzeiten war Hermine Villinger eine vielgelesene und anerkannte Autorin. Sie stammte ursprünglich aus Freiburg, wuchs aber ab 1850 in Karlsruhe auf, wo sie auch blieb. Sie verfasste Romane, Erzählungen, Kinderbücher und Theaterstücke, die meisten davon in ihrer badischen Heimat angesiedelt. Eigentlich wollte Hermine Villinger Schauspielerin werden, doch der Direktor des Karlsruher Hoftheaters Eduard Devrient riet ihr davon ab. Die Leidenschaft fürs Theater verlor sie aber trotzdem nie. In ihrem Buch »Die Rebächle« setzt sie mit der Figur der Großmutter Grossi der Schauspielerin Amalie Haizinger (1800–1884), deren Vielseitigkeit von den Theaterbesuchern geschätzt wurde, ein Denkmal.

Auch Amalie Haizinger wurde in Karlsruhe geboren und trat schon als Zehnjährige in einem Theaterstück auf. Seit 1815 gehörte sie zum Ensemble des Karlsruher Hoftheaters. Ab 1820 hatte sie Gastspiele am Burgtheater in Wien und in vielen anderen deutschen Städten, außerdem in England, Frankreich und Russland.

In Amalie Haizingers Tochter Louise Schönfeld-Neumann (1818–1905), die auch Schauspielerin war, hatte Hermine Villinger eine langjährige Briefpartnerin. Sie hatten sich 1899 in Wien kennengelernt, wo Louise am Burgtheater ein langjähriges Engagement hatte, seit 1840 als Hofschauspielerin. Sie gehörte zu den herausragenden Mitgliedern des Ensembles und war der Liebling des Publikums, wie sie es auch schon in Karlsruhe war. 1856, kurz vor ihrer Heirat mit dem Grafen von Schönfeld, gab sie in Karlsruhe ihre Abschiedsvorstellung. In der Oststadt ist seit 1903 die Schönfeldstraße nach ihr benannt.

Hermine Villinger führte in der Jahnstraße ein offenes Haus. Der Maler Hans Thoma und der Schriftsteller Paul Heyse waren oft zu Besuch. Eine innige Freundschaft verband sie mit der österreichischen Schriftstellerin Marie von Ebner-Eschenbach. Seit 1896 besuchte sie sie jährlich einmal in Wien. Sie verehrte die fast zwanzig Jahre ältere Kollegin, vergötterte sie beinahe. Als Ebner-Eschenbach 1916 starb, war Hermine Villinger erschüttert, sie starb ein Jahr später im selben Monat wie ihre fürsorgliche Freundin. Sie wurde auf dem Karlsruher Hauptfriedhof begraben.

Die Lektüre des Romans »Rebächle« liegt schon ein paar Jahre zurück. Ich erinnere mich, dass es mich sehr angerührt hat, ohne kitschig zu sein. Ein sehr liebenswürdiges Buch, auch wenn ihre Bücher heute wie aus der Zeit gefallen wirken.

Im Haus Nr. 75 in der Kriegsstraße, an der Ecke zur Hirschstraße, wo heute ein unschönes Bürogebäude steht, veranstaltete die Karlsruher Pianistin und Komponistin Clara Faisst (1872–1948) regelmäßig Hauskonzerte: »Meine Kunst hat hier eine feste kleine Zuhörerschar, die ich alle vier Wochen zur Musik in meine Wohnung lade. Ich pflege die Werke unsrer großen Meister und spiele Bach – neben anderen Großen«, schreibt Clara Faisst in einem Brief an Albert Schweitzer, mit dem sie eine bis zu ihrem Tod währende Freundschaft verband, die sich vor allem durch den Austausch von Briefen nährte. In seinem früheren Haus in Gunsbach im Elsass ist ein kleines Museum eingerichtet, wo sechzehn ihrer Briefe aufbewahrt werden. Wie Hermine Villinger und Anna Ettlinger hat auch Clara Faisst nie geheiratet und sich ihren Lebensunterhalt selbst verdient, vor allem als private Musik- und Klavierlehrerin. Schon in jungen Jahren fiel sie als Pianistin durch ihr außergewöhnliches Talent auf. Ihre ersten Liedkompositionen stammen aus dem Jahr 1889. Bis 1918 wurde ein Teil ihrer Kompositionen in renommierten Musikverlagen verlegt, danach nur noch im Selbstverlag.

Clara Faisst besaß zwei Flügel, denn, wie sie an Albert Schweitzer schreibt: »Mit einem Flügel kann man ja nicht fliegen, dazu braucht man schon zwei! Und da mir das Geld zum Reisen fehlt, ich meine zu solchen Reisen, nach denen ich mich sehne – so lasse ich mich von den Flügeln in ›ferne Welten‹ tragen, wo alles groß, harmonisch, rein und erhaben ist.« Auf ihrem Schreibtisch im Musikzimmer stand ein Bild von Schweitzer mit einer Widmung in einem Rahmen. Im Zweiten Weltkrieg wurde Faisst für ein halbes Jahr evakuiert. Als sie in ihre Wohnung zurückkehrte, war das Bild gestohlen, aber die zwei Flügel, Noten und Bücher waren noch da. Auch die Werke von Albert Schweitzer.

Noch so viele Frauen haben ihre Spuren in der Stadt hinterlassen, über die es sich zu erzählen lohnte, doch kann ich an dieser Stelle nicht allen gerecht werden. Da wäre noch die Schriftstellerin und Salondame Rahel Varnhagen (1771–1833). Sie lebte von 1816 bis 1819 mit ihrem Mann Karl August Varnhagen von Ense in Karlsruhe. Ihr Eindruck von Karlsruhe: »Viel Wald, viel Sumpf, viel Mücken.« In ihren Augen war die Residenzstadt ein »souveränes Nest«. Die Dichterin Karoline von Günderrode (1780–1806) wurde hier geboren. Als ihr Vater, ein badischer Regierungsrat, 1786 starb, zog die Mutter mit ihren Kindern nach Hanau. Die Günderrode scheiterte an ihrem Wunsch nach einem selbstbestimmten Leben als Schriftstellerin und Philosophin, was für eine Frau in der damaligen Zeit keine gesellschaftliche Option war, und nahm sich mit sechsundzwanzig Jahren das Leben. Ihre Freundin Bettina von Arnim setzte ihr mit ihrem Buch »Die Günderrode« ein literarisches Denkmal.

Auch die Enkeltochter von Bettina von Arnim, die Schriftstellerin und Malerin Elisabeth von Heyking (1861–1925), wurde in Karlsruhe geboren. Ihr Vater war preußischer Gesandter am badischen Hof. In ihren Romanen schildert sie das Leben in höheren Gesellschaftskreisen, das sie als weit gereiste Diplomatentochter und -gattin gut kannte. Ihr Bestseller »Briefe, die ihn nicht erreichten« erschien anonym.

Die Malerin und Graphikerin Jenny Fikentscher (1869–1959) war Mitglied der Grötzinger Malerkolonie und lebte mit ihrem Mann im Schloss Augustenburg am Fuß des Turmbergs. Wegen ihres unkonventionellen Lebensstils war sie eine stadtbekannte Persönlichkeit. Bis ins hohe Alter verkaufte sie auf dem Karlsruher Wochenmarkt Obst und Gemüse aus ihrem Garten.

Die jüdische Fotografin Ellen Auerbach wurde 1906 in Karlsruhe geboren und studierte von 1924 bis 1927 an der Badischen Landeskunstschule (später Staatliche Akademie der Künste) bei Karl Hubbuch und Paul Speck. 1929 gründete sie in Berlin zusammen mit Grete Stern das erste von Frauen gegründete Fotostudio in Deutschland, ringl+pit. 1933 emigrierte sie mit ihrem späteren Mann nach Palästina. Ihre Eltern wurden nach Gurs deportiert, überlebten die Nazizeit und kehrten danach nach Karlsruhe zurück. Später wanderte Ellen Auerbach in die USA aus, arbeitete als freie Fotografin unter anderem für das Time Magazine. 1956 beendete sie ihre Arbeit als Fotografin und wurde Psychologin. Sie starb 2004 mit 98 Jahren in New York.

Mit der Verlegerin Ingeborg Stahlberg (1921–1985) möchte ich meinen Spaziergang durch die Geschichte Karlsruher Künstlerinnen und Wissenschaftlerinnen beenden. Ein Jahr, nachdem sie eine Lektoratsstelle beim Badischen Buchverlag in Karlsruhe bekommen hatte, beantragte sie 1946 bei den amerikanischen Militärbehörden eine Lizenz zur Führung eines Verlags, die ihr im März 1946 erteilt wurde. Das Startkapital erhielt sie von ihrer Mutter, die dafür Schmuck verkaufte und eine Hypothek aufnahm. Sitz des Verlags war in der Kaiserallee 51a unweit des Gutenbergplatzes, in einer Parterre-Wohnung mit Ladenlokal. Im Sommer 1947 veranstaltete der Verlag eine Autorentagung, aus der die Gruppe 47 hervorging.

Wichtige Autoren waren Curzio Malaparte und Arno Schmidt, von dem insgesamt vierzehn Bücher im Stahlberg Verlag erschienen. Schmidts Monumentalwerk »Zettel's Traum« war das letzte Buch des Verlags. 1971 wurde er, schon seit 1967 zu wesentlichen Teilen im Besitz der Holtzbrinck-Gruppe, an den S. Fischer Verlag verkauft. Ingeborg Stahlberg wurde Programmdirektorin im Stuttgarter Bücherbund. Sie starb 1985 in Karlsruhe. Ihr Verlag war der erste in Deutschland, der von einer Frau geführt wurde und auch ihren Namen trug.

# MALIKA REYAD

*Mezzosopranistin, Produzentin, Initiatorin und Vorstand der Karlsruher Schlosskonzerte, Gesangpädagogin*

WESTFLÜGEL
SCHLOSS KARLSRUHE

*Die Mezzosopranistin Malika Reyad, Initiatorin und Vorstand der Karlsruher Schlosskonzerte und Gesangpädagogin, träumt davon, die westliche Schlossterrasse aus ihrem Dornröschenschlaf zu erwecken.*

# Träum weiter!

*von Malika Reyad*

Wenn ich an Karlsruhe denke, die Stadt in der ich lebe, breitet sich ein Stadtplan anderer Art vor meinem inneren Auge aus. Ich lebe schon lange hier. An vielen Stellen sind Stecknadeln, Orte markierend, die mir besonders wichtig geworden sind. Es gibt aber auch Gebiete in Karlsruhe, die existieren nicht auf meinem feinstofflichen Plan. Nebelleere. Da war ich noch nie.

Manchmal stecken die Nadeln schmerzhaft fest, erinnern mich an Situationen, wie vor langer Zeit auf der Kaiserstraße in dem kurzen Stück zwischen Karl- und Waldstraße auf der südlichen Seite. Unter anderen Passanten kam mir ein Mann entgegen, mich fixierend, und als er an meiner rechten Seite vorbeiging, fuhr er seinen Ellbogen aus und rammte ihn mir in den Magen. Er traf mich nicht besonders fest, da ich etwas ahnte. Er lief stoisch weiter, ohne sich umzudrehen, als ich »He!« und »Was soll das?« und etwas wie »Sind Sie verrückt?« rief. Ihm hinter her zu laufen, traute ich mich nicht. Verstörung. Stecknadel.

In der Sonne saß ich Jahre später, trank Kaffee am Werderplatz, versuchte mich aufzumuntern. Herzschwere. Ein älterer Herr kam stockgerade um die

Ecke, klein, schmal, vielleicht Italiener, in einem tadellosen dunkelblauen Anzug. Elegant. Er lief an mir vorbei, ich schaute ihm nach und sah, dass in seinem hinteren Kragen ein Stockschirm steckte, der ihm entlang der Wirbelsäule baumelte. In meinem Herzen breitete sich eine Leichtigkeit aus, eine Welle von »Sei doch du und mach dein Ding« und wärmte mich. Befreiung! Stecknadel!

Am Werderplatz stecken noch mehr Nadeln. Dort habe ich die Liebe meines Lebens kennen gelernt. Stecknadel mit verziertem Kopf an dem Platz der ersten Begegnung und eine weitere einige Meter nördlich, als mir bewusst wurde, dass es sich so gut anfühlt, neben ihm zu sitzen.

So könnte ich, wie du sicher auch, liebe*r Leser*in viele Stecknadeln aufzählen, die sich in das immaterielle Papier meines emotionalen Stadtplans eingebrannt haben.

Ein Ort in Karlsruhe hat für mich fast unendlich viele Nadeln, sich übereinander auftürmend, wie wenn man auf einem Internetportal an der Côte d'Azur eine Ferienwohnung direkt am Meer sucht: das Schloss! 1000 und mehr Stecknadeln aller Couleur!

Als 15-Jährige der Schlossgarten als Sehnsuchtsort, wo ich mich manchmal nicht allein hintraute, weil ich dachte, dass alle sehen, wie einsam ich bin. Da schaute ich lieber bei strahlendem Wetter aus dem Küchenfenster und träumte mich hin. Einige Zeit später aber doch mit Klassenkameraden nachts reingeklettert und die erste Haschischpfeife hustend geraucht. Kleine Demütigung wegen der Blicke meiner abgeklärten Mitraucher*innen. Ich habe nichts gespürt, krampfhaft gewartet, dass sich außer einem verlorenen Gefühl etwas Mystisch-Magisches einstellt. In der Gruppe angenommen sein, zu der ich damals gehören wollte. Auch eine Stecknadel wert.

Der Gartensaal hat die meisten Nadeln. In unendlichen Farben von Angst bis Glückseligkeit. Mit der Pianistin Heike Bleckmann hatten wir am 1. Mai 2002 ein Generalprobenkonzert vor vollbesetztem Saal, ein schöner Erfolg aus dem die Karlsruher Schlosskonzerte gegründet wurden. Beim Konzert war der Eintritt frei, wurde in der Presse angekündigt, und ich stellte fest, dass das Publikum manche geheime Klatschrituale des(r) klassikgeübten Zuhörer*in nicht kannte. Aber genau das hat mich gerührt: das Interesse und

das aufmerksame Mitgehen, obwohl das Programm nicht leicht verdaulich war. Der Mensch will mit, was erleben, mitgenommen werden. Verbindung aufbauen. Wichtige Gartensaal-Stecknadel!

An der Hochschule für Musik habe ich Gesang und Oper studiert und abgeschlossen, aber wie man eine Musikreihe aufbaut, Sponsoren sucht, Förderanträge stellt, wusste ich nicht. Als wir die Karlsruher Schlosskonzerte gegründet haben, musste ich natürlich einige Ängste überwinden.

Es baute sich ein Druck auf, der mir zusetzte, und es gab Zeiten da konnte ich den Blick auf den Schlossturm kaum ertragen. Erinnerte er mich doch an alles, was ich noch hinbekommen musste. Hier muss ich mich trauen und dort anrufen und da Flagge zeigen. Weich mal dem Karlsruher Schlossturm aus, wenn du durch die Stadt radelst! Er hatte sich als Stecknadel materialisiert, verfolgte und mahnte mich. Irgendwann freute ich mich, dass ich ihn wieder gern anschaute.

Eine dicke Nadel steckt im historischen Pflaster der westlichen Schlossterrasse. Ein Lieblingsort.

Es ist der Ort in Karlsruhe, der mich am meisten beschäftigt. Es ist ein Ort, den man nicht sieht. Man radelt, rast, spaziert, joggt vorbei. Es ist viel los drumherum. Aber auf der Terrasse ist nichts. Sie schläft. Ein Ort zum Träumen mittendrin. Zwischen den Pflastersteinen wachsen Kräuter, die alten hohen Bäume drumherum rauschen, die Abendsonne wirft Spots auf unsichtbare Szenen, und genau in der Mitte liegt ein einsamer Pflasterstein obendrauf, der unsanft geweckt wurde. Man steigt nur einige Stufen vom frequentierten Weg auf die Terrasse und ist doch auf einer anderen Ebene.

Ab und zu finden Veranstaltungen statt, aber doch selten. Zu sehr im Rücken des Schlosses ohne Blick auf die Stadt. Vielleicht auch manchmal doch zu klein, die Westterrasse?

Zum 250. Geburtstag von Mozart im Jahr 2006 wollte ich unbedingt ein Pasticcio ihm zu Ehren schreiben lassen und aufführen: »Ich, Wolfgang Amadé«. Über sein Leben mit seiner Musik aus verschiedenen Opern. Die westliche Terrasse hatte es mir damals schon angetan. Es war ein Fest, und um die tausend Menschen kamen auf die Terrasse. Sie saßen auf Bierbänken, die Balustrade war auch vollbesetzt, wie auf einem großen Dampfer mit Blick auf die Bühne, die vor Gartensaal und Schlossturm aufgebaut war. Drumherum ein Meer aus Bäumen und Wiesen. Das kleine Orchester war unter einem Zelt zum Schutz der Instrumente. Ich dachte wirklich: wie auf einem Schiff! Während der Vorstellung regnete es 6 Minuten, das Publikum spannte gutgelaunt lachend Schirme auf. Ich stand auf der Bühne u.a. mit der Sopranistin Ruth Eberhard, der Regen störte mich nicht, ich sang in die Nacht hinein und weiß noch, wie ich mich über diese kurze Welle von Raunen und Lachen freute.

Jetzt träume ich weiter … Wie schön wäre es, diese Terrasse ab und zu aufzuwecken und wieder Opern und Pasteten darauf steigen zu lassen. Der Eintritt ist frei, wie immer bei uns, jede*r bringt vielleicht seinen Klappstuhl und sein Marmortischchen mit, Limo und Champagner, Häppchen …

Mein Traum: Musiktheater unter freiem Himmel, seidene Abende, die in schwarzen Samtnächten enden. Die Bühne im goldenen Licht, Stimmen in der Luft … Menschen, die gemeinsam reisen auf dem Terrassenschiff.

Dann schläft die Westterrasse wieder, rutscht wieder aus unserem Bewusstsein, stiehlt sich davon, bis wir sie wieder wachküssen.

Ich träume weiter. Träume werden wahr. In der Zwischenzeit gehe ich auch ihre Ost-Schwester besuchen, die meist aufgeweckte Schlosscafé-Terrasse, einen Kaffee trinken bei der Familie Campanella.

Der Schlossturm mahnt wieder so …

1

## WESTFLÜGEL SCHLOSS KARLSRUHE

Der Legende nach verirrte sich Karlsruhes Stadtgründer Markgraf Karl Wilhelm in seinen Jagdgründen im Hardtwald und verbrachte eine unfreiwillige Nacht in der freien Natur. Als er am nächsten Morgen nach einem ruhigen und erfrischenden Schlaf erwachte, fasste er einen Entschluss: Ein Jagdschloss sollte an diesem Ort gebaut werden, der von nun an »Carls Ruhe« heißen sollte. Das Jagdhaus wurde 1714 errichtet, und der Markgraf hatte schon bald weitere Pläne für ein Lustschloss, das letztendlich zum Residenzschloss wurde. Am 17. Juni 1715, Karlsruhes Stadtgeburtstag, wurde der Grundstein für das neue Schloss und die neu zu entstehende Stadt gelegt. Erst zweieinhalb Jahre später, im Januar 1718, gab Karl Wilhelm einen Kostenvoranschlag für einen Westflügel in Auftrag, mit dessen Bau im Sommer desselben Jahres

begonnen wurde. Doch die Mittel waren bescheiden, und so blieb der Westflügel mehrere Jahrzehnte unfertig stehen. Nur ein Drittel seiner vorgesehenen Länge wurde fertiggestellt.

Als Karl Wilhelms Enkel Karl Friedrich 1746 regierender Markgraf wurde, beschloss er, das inzwischen schon sehr marode Schloss zu renovieren. Ein Neubau wäre zu teuer geworden. Allerdings dauerten die Umbauarbeiten über zwanzig Jahre. Der Westflügel wurde 1774 fertiggestellt, in ihm waren die Privatgemächer der markgräflichen Familie untergebracht. Durch die umfangreiche Renovierung erhielt das Schloss sein heutiges Aussehen. Und den Schlosspark wandelte er in einen englischen Garten um, so wie er heute noch angelegt ist.

1806 weilte der Jurist und Schriftsteller Philipp Ferdinand Brede in Karlsruhe und notierte: »Eine Hauptsehenswürdigkeit ist das Schloß, welches eine angenehme Lage hat, sonst aber weder durch seine Größe noch durch den Adel seiner Architektur sich auszeichnet.« Ein paar Jahrzehnte später schrieb der österreichische Schriftsteller Matthias Koch etwas wohlwollender über das Karlsruher Schloss: »Das Residenzschloß. Es ist i. J. 1754 an die Stelle des ursprünglich hölzernen getreten, und insofern ganz eigen, als die Flügel den Mittelbau nicht rechtwinkelig einschließen, sondern sich zu beiden Seiten fächerförmig ausbreiten. Großartigkeit kommt diesem Gebäude allerdings zu, wenn auch die französische Bauart keine Bewunderung zu erregen vermag. Rückwärts ist am

Mittelgebäude ein Querbau angebracht, welcher mit dem Bleithurme, einem Achteck, 1715 erbaut, in Verbindung steht.«

Der Turm des Schlosses wurde über dem von Markgraf Karl Wilhelm gelegten Grundstein erbaut und von Karl Friedrich nicht verändert. Er ist das Zentrum des Radialsystems, von ihm führen strahlenförmig 32 Wege und Straßen in alle Himmelsrichtungen. Im Turmsaal und in der angrenzenden Galerie fanden

zu Markgrafs und Großherzogs Zeiten Feste mit reich gedeckten Tafeln statt. Seit Ende des 18. Jahrhunderts stand der Schlosspark auch der Bevölkerung zur Verfügung. Unter Einhaltung strenger Regeln – es durfte zum Beispiel nicht geraucht, nicht gesungen oder gepfiffen werden – konnten die Bürger der Stadt im Park verweilen und spazieren gehen. So versammelten sich immer wieder Menschen auf der westlichen Terrasse und schauten der markgräflichen und später großherzoglichen Familie beim Essen zu.

Nachdem im Zweiten Weltkrieg das Schloss beinahe vollständig zerstört wurde und nur noch die Außenmauern standen, wurde es von 1954 bis 1964 wieder aufgebaut. Die äußere Hülle wurde rekonstruiert, das Innere leider nicht. Das Badische Landesmuseum, das bereits nach dem Ersten Weltkrieg im Schloß seine Ausstellungsräume hatte, zog wieder ein, und der Gartensaal steht für Veranstaltungen zur Verfügung.

*Über*

# Malika Reyad

Ich bin in Lausanne in der Schweiz geboren, und das kam so:

Die Familie meiner Mutter kommt aus Mähren und wurde nach Kortelshütte bei Hirschhorn am Neckar zwangsumgesiedelt. Meine Mutter wollte schon als Jugendliche unbedingt einen dunkelhäutigen Mann heiraten: »Ich heirate einen Schwarzen!«, verkündete sie meinen doch beunruhigten Großeltern. Auf dem Speicher habe ich als Jugendliche ein Notizbuch von ihr gefunden, mit Zeichnungen, die ihre Sehnsucht nach Afrika zeigen: Palmen, dunkelhäutige Menschen mit krausen Haaren und arabisch anmutende Gebäude. Als junge Frau verließ meine Mutter bald das Elternhaus und arbeitete in Lausanne als Pflegerin.

Meine Großeltern väterlicherseits kommen aus einem kleinen Dorf im Draa-Tal in Marokko, einer Wüstenoase am Fuß des Hohen Atlas. Im Zweiten Weltkrieg wanderte meine Familie wegen einer Hungersnot aus, zu Fuß durch das Atlasgebirge, nach Casablanca. Der Pass ist auf 2200 Metern Höhe. Fünfzehn Tage dauerte der Marsch. Das weiß dort noch heute jede*r. Mein Großvater fand eine Anstellung als Diener bei einer reichen Familie in Casablanca. Das Familienoberhaupt meinte zu meinem Großvater: »Dein Sohn soll die gleiche Ausbildung haben wie mein Sohn.« So konnte mein Vater eine sehr gute Ausbildung erhalten und entschied sich dann in Lausanne Mathematik zu studieren.

Meine Mutter erzählte mir, dass sie meinen Vater dort auf einer Brücke kennengelernt hat. Er kam ihr entgegen, machte eine Bemerkung, und sie musste so lachen.

Übrigens: Meine Großeltern mütterlicherseits fanden dann meinen dunklen Vater sehr in Ordnung, als sie ihn kennenlernten.

So wurden erst ich und dann meine Schwester in Lausanne geboren. Aufgewachsen sind wir in Lausanne, Zürich, Casablanca, Kortelshütte und Karlsruhe. Meine Schwester und ich haben schon als Kind gern Arien geschmettert. Später in der Schule, so mit 17, habe ich nach einer Stunde Musik, in der die »Zauberflöte« durchgenommen wurde, im Sportumkleideraum albern die Arie der Königin der Nacht zum Besten gegeben, Blödsinn gemacht in dem hallenden Waschraum. Zu meinem Erstaunen kam außer Lachen auch Bewunderung und ich erinnerte mich auf einmal, wie gern ich früher Arien gesungen hatte. Ich hatte es vergessen! So fing alles an.

Ich nahm Unterricht am Badischen Konservatorium bei Ilse Mengis, wurde später von Iris Braig auf die Aufnahmeprüfung an der Hochschule für Musik Karlsruhe vorbereitet und studierte dann u. a. bei Klaus-Dieter Kern und Marga Schiml, besuchte Meisterklassen von Floriana Cavalli (in Mailand), Charlotte Lehmann, Peter Elkus und Peter Kooij. Jetzt bin ich eine staatlich geprüfte Opernsängerin und singe natürlich nicht nur Opern.

Als Solistin war ich sieben Jahre als Gast am Staatstheater am Gärtnerplatz München, habe u.a. bei den Schlossfestspielen Ettlingen und bei einer Produktion der Komischen Oper Berlin gesungen. Ich habe auch eine eigene Gesangsklasse, mit der ich jedes Jahr szenische Konzerte auf die Beine stelle. Sieben Jahre war ich beim Landesjugendchor Baden-Württemberg tätig und habe in Caracas/Venezuela für das Projekt »El Sistema« der »Fundación Simón Bolívar« junge Sänger*innen unterrichtet. Zurzeit bin ich Stimmbildnerin beim Karlsruher Chor Cantus Solis.

Nach einem Konzert im Gartensaal mit Ruth Eberhard und Heike Bleckmann wollte ich im Schloss eine Musikreihe gründen. So bin ich Initiatorin und Vorstand der Karlsruher Schlosskonzerte geworden, die seit 2004 bestehen. Dort produzierte ich bereits mehrere Opernproduktionen wie »Die romanische Lucretia« von Casimir Schweitzelsperg zum 300. Geburtstag der Stadt Karlsruhe, wo ich auch die Titelpartie sang.

Mich interessiert die Verbindung zwischen Menschen, zwischen Orient und Okzident. So entsteht auch ein neues Projekt, ein Theatergedicht über Sehnsucht mit andalusischer, arabischer und europäischer Musik. Ein szenischer Abend mit Künstler*innen aus Marrakesch, Syrien und Deutschland über die Zeit der Reconquista und das ewige Sehnen nach einer Einheit.

»Mein Traum: Musiktheater
unter freiem Himmel,
*seidene Abende*, die in schwarzen
Samtnächten enden.«

MALIKA REYAD

OO
XXVI
I

# YOREME WALTZ

*Salonfestival*

## BADISCHE LANDESBIBLIOTHEK

*Yoreme Waltz ist in Karlsruhe geboren und aufgewachsen. Nach einigen Jahren in Berlin ist sie in ihre Heimatstadt zurückgekehrt und jetzt verantwortlich für das bundesweite Musikprogramm des Salonfestivals und für die Veranstaltungen des Salonfestivals in Karlsruhe.*

# Wie ein Fisch im Wasser

Es ist kurz nach neun Uhr an einem heißen Vormittag, die Sommerferien haben gerade begonnen. Wir sitzen im Café Rih in der Waldstraße, seit vielen Jahren eine Institution in Karlsruhe. Es wurde nach der Karlsruher Künstlergruppe »Rih« benannt, die nur von 1919 bis 1920 existierte und einen legendären Ruf hatte. Ihr gehörten unter anderem die Maler Rudolf Schlichter, Wladimir von Zabotin und Georg Scholz an. Die Gruppe gehörte zur künstlerischen Avantgarde, Konventionen im Leben und in der Kunst lehnte sie ab.

Vermutlich war ein Karl-May-Fan unter den Gründern, Carl Zuckmayer – auch ein Freund der Bücher von Karl May – schrieb in seiner Autobiografie »Als wär's ein Stück von mir« später: »Besonders häufig fuhren wir nach Karlsruhe, wo es eine Vereinigung moderner Maler gab, die sich die ›Gruppe Rih‹ nannte – nach Karl Mays unvergleichlichem, über die arabische Steppe dahinfliegenden Rapphengst. Doch hätte sich der keusche May nicht träumen lassen, welch erotomane Bedeutung seinem braven, ehrbaren Schammar-Hengst dort beigelegt wurde. Wenn man um diese Zeit die biedere Stadt Karlsruhe betrat, gleich ob vom Bahnhof her oder aus irgendeiner ländlichen Umgebung, fand man überall, an Häuserwänden und Mauern,

ein mit farbiger Kreide gezeichnetes – allerdings kubistisch verschlüsseltes – phallisches Symbol, in seinen Grundformen unmissverständlich, darunter einen Pfeil mit der in kindlichen Schriftzügen angebrachten Weisung: Zur Gruppe Rih!«

Das Gebäude wurde eigens für den 1818 gegründeten Kunstverein gebaut und 1900 eingeweiht – der Verein ist immer noch dort. Im Erdgeschoss wurden einige Ausstellungsräume 1986 zum Café umgebaut, es erhielt den Karlsruher Weinbrenner Preis für gute Stadtgestaltung.

**Yoreme, wir sitzen hier im Café Rih, die Stadt beginnt, sich langsam zu beleben, die Geschäfte haben noch geschlossen, der Tag verspricht sehr heiß zu werden. Ich bin gern um diese Uhrzeit in der Stadt, wenn sie am Aufwachen ist und noch nicht aufgeladen von den Schwingungen der vielen Menschen. Was für ein Glück, dass wir unser Shooting im Lesesaal so früh machen mussten.**

Ich mag diese Stimmung auch am frühen Morgen in der Stadt, das ist eine tolle Zeit um acht oder neun Uhr. Das ist für mich Lebensart und hat etwas von Paris am frühen Morgen. Deshalb lebe ich gern hier. Im Sommer hat Karlsruhe für mich etwas sehr Mediterranes. Es hat etwas Lässiges, es hat Flair.

Es gibt viele Orte und Stimmungen in Karlsruhe, die ich mag, ich bin gern in den kulturellen Institutionen der Stadt, zum Beispiel im Schloss Gottesaue, dort habe ich studiert, also eigentlich an der Uni, aber das Institut für Musikwissenschaft ist dort. Und natürlich im ZKM. Mein absoluter Lieblingsort. International, große Kunst, große wichtige Themen und Ideen. Vor Kurzem war ich beim Zeltival hinter dem Tollhaus, das ist eine richtige Oase, ein Sommerort. Das hat mir sehr gut gefallen. Ich gehe nicht so oft aus, vielleicht, weil ich selbst Veranstaltungen mache, aber wenn, dann gehe ich auch gern ins Staatstheater. Das Theater hat als Ort eine gute Atmosphäre und eine gute Architektur, finde ich. Vor allem den dunklen Boden mag ich so gern. Das ist Wenge, so heißt das Holz. Im Haus meiner Eltern, in dem ich inzwischen wieder lebe, liegt dasselbe Holz. Es war ein Restbestand des Holzes, das im Theater verlegt wurde. Vermutlich habe ich deshalb im Theater immer so ein Gefühl von Zuhause.

In der Gellertstrasse in der Weststadt gibt es eine kleine Bauhausvilla. Die habe ich durch eine Veranstaltung des Salonfestivals kennengelernt. Da war früher eine Schokoladenfabrik drin. Das ist auch ein schöner Ort. Ich finde es schön, was für Orte über Generationen hinweg es in Karlsruhe gibt.

**Warum hast du dir den Lesesaal der Badischen Landesbibliothek als Ort für dich aus all den anderen Orten ausgesucht?**

Weil ich ein Fan von Bibliotheken bin. Als ich hier studiert habe, bin ich zum Lernen oft in den Lesesaal der Landesbibliothek gegangen, vor allem wenn ich für Prüfungen gelernt habe. Manchmal war ich fünf, sechs Stunden dort – das war herrlich. Vor allem als ich für die Zwischenprüfung gelernt habe, war ich regelmäßig hier. Ich habe dann ein paar Semester in Berlin studiert, mein Diplom aber wieder hier gemacht. Heute bin ich zum ersten Mal nach vielen Jahren wieder hier. Als wir vorhin am Personaleingang reingelassen wurden, stand da der alte Zettelkatalog, der ja inzwischen nicht mehr in Betrieb ist. Eine schöne Erinnerung, heute sucht man ja alles im Computer. Früher war ich oft in Mühlburg, dort gibt es am Lameyplatz eine kleine Stadtteilbibliothek. Ich glaube, meine Liebe zu Bibliotheken entstand dort. Ich habe schon immer gern gelesen, tue es noch, nur leider habe ich nicht mehr so viel Zeit.

Die Kunstbibliothek in der Kunsthalle ist auch toll. Ich liebe den Geruch der Bücher in Bibliotheken, die Atmosphäre, die konzentrierte Stille.

Eine Bibliothek hat etwas Stimulierendes, es ist inspirierend, durch die Reihen zu gehen. Ich fand es immer aufregend, in eine Bibliothek zu gehen, es ist ein anregender Ort. Das könnte ich jeden Morgen machen, eine Stunde in die Bibliothek, bevor ich mit der Arbeit beginne. Ich liebe auch Buchhandlungen, aber Bibliotheken sind nochmal anders, weil es dort viele Bücher gibt, die man nicht mehr kaufen kann, da ist so viel altes Wissen gespeichert, und man kann wahre Schätze entdecken.

**Du lebst nach einigen Jahren in Berlin, wieder in deiner Heimatstadt Karlsruhe. Was gefällt dir an dieser Stadt, was macht sie für dich lebenswert?**

Ich habe 15 Jahre in Berlin gelebt, wo es auch tolle Bibliotheken gibt, aber ich bin froh, wieder hier zu sein. Hier ist der Frühling eine Jahreszeit, die schon Ende Februar beginnt. In Berlin gibt es den Frühling so nicht. Das hat natürlich Einfluss auf die Menschen. Im Badischen leben wir in einer typischen Weingegend. Die Vegetation in der Rheinebene ist für mich der Inbegriff von Schönheit und Heimat. Hier ist sozusagen das Land, »wo die Zitronen blühen«, ich liebe die Weiden, die Streuobstwiesen – und das Klima. Hier ist es natürlich sehr feucht, das spüre ich schon, wenn ich aus dem Zug steige. Das ist, als würde ich gegossen werden. Ich brauche das. Hier fühle ich mich wie ein Fisch im Wasser.

2

# BADISCHE LANDESBIBLIOTHEK

Der argentinische Schriftsteller und Bibliothekar Jorge Luis Borges sagte einmal: »Ich habe mir das Paradies immer als eine Art Bibliothek vorgestellt.« Bibliotheken sind würdevolle, erhabene Orte von vornehmer Verschlossenheit. So viel Wissen ist in ihnen gespeichert. Bibliotheken sind nicht nur Orte des Lernens, sondern auch des Friedens, der Stille und des Glücks, Orte, in denen es paradiesisch viele Bücher gibt, einen wahren Überfluss.

Das Karlsruher Paradies an der Erbprinzenstraße blickt auf eine 500-jährige Geschichte zurück. Es geht auf die Büchersammlung der Herren von Baden zurück, der erste Sammler war Christoph I. (1453–1527), der in seiner Residenz Pforzheim den Grundstein für die Bibliothek legte. Als Markgraf Karl II. (1529–1577) seine Resi-

denz nach Durlach verlegte, fand die inzwischen größer gewordene Buchsammlung dort eine neue Heimat. Als Durlach im pfälzischen Erbfolgekrieg 1689 von den Truppen Ludwigs XIV. zerstört wurde, wurden auch viele Bücher vernichtet. Nach dem Aussterben der bernhardinischen Linie 1717 und der Wiedervereinigung Badens wurden die Büchersammlungen der beiden Linien zusammengeführt und in einem Seitengebäude des Karlsruher Schlosses gegenüber der Schlosskirche untergebracht. Markgraf und später Großherzog Karl Friedrich (1728–1811) erließ die erste Benutzungsordnung für die Bibliothek: Alle diejenigen, »die sich dem Studium der Wissenschaften und schönen Künste widmen«, durften sie benutzen. Die Bibliothek umfasste damals ungefähr 20.000 Bücher. Durch die Säkularisation kamen ab 1803 viele tausend Bücher aus den Klosterbibliotheken des Landes nach Karlsruhe.

1873 zog die Großherzogliche Hof- und Landesbibliothek aus Platzmangel in ein neu errichtetes Gebäude am Friedrichsplatz, dem heutigen Naturkundemuseum, mit dem sie sich bis 1942 das Gebäude teilte. Inzwischen umfasste sie über 120.000 Bände.

Nach dem Ersten Weltkrieg wurde die Bibliothek in Badische Landesbibliothek umbenannt.

Bis zum Zweiten Weltkrieg hatte sich der Buchbestand nahezu verdreifacht. In der Nacht vom 2. auf den 3. September 1942 ging ein Bombenhagel auf Karlsruhe nieder, und die Bibliothek brannte völlig aus. Bis auf die ausgelagerten Bücher aus den Klosterbeständen, die Handschriften, Inkunabeln und einzelne Zimelien, wertvolle Drucke, verbrannten fast alle Bücher, sämtliche Verwaltungsakten und die Journale der Neuerwerbungen. Nur der Dienstkatalog der Bibliothekare blieb verschont, weil er sich seit Kriegsbeginn im Luftschutzkeller befand, weshalb der bis zur Zerstörung vorhandene Bestand nachgewiesen werden konnte. Und die ausgeliehenen Bücher überlebten zum großen Teil, ungefähr 2.500 Stück. Es folgten einige unruhige Jahre mit vielen Umzügen. Die Bibliothek wanderte von Ort zu Ort, von einer Notunterkunft in die nächste, von der Bibliothek der Technischen Hochschule in das Haus des Evangelischen Oberkirchenrats, dann ins Ständehaus, bis auch das 1943 ausgebombt wurde, und schließlich in den Keller des ausgebrannten Gebäudes am Friedrichsplatz. Nach Kriegsende dann der Umzug in den Nordwesttrakt des Badischen Generallandesmuseums.

1959 wurde ein neuer Bau hinter dem heutigen Naturkundemuseum geplant, ein moderner Glaswürfel, das »Bücherparadies im Nymphengarten«, wie die Stuttgarter Zeitung schrieb.»Die Landesbibliothek besitzt nun, als modernes Gegengewicht zu dem Berckmüller-Bau, im Herzen der Stadt ein eigenes Gebäude, das in die Reihe der modernsten und schönstens unseres Landes rückt. Gegenüber der steifen und langweilig-noblen Würde der Landessammlungen behauptet der glasklare moderne Bibliotheks-Baukörper seinen eigenen angemessenen Rang als Kultstätte des gedruckten Wortes.« Zudem war es auch noch der »preiswerteste Neubau einer großen wissenschaftlichen Bibliothek« seit

»Ich fand es immer aufregend,
in eine Bibliothek zu gehen,
es ist ein *anregender Ort.*«

YOREME WALTZ

1960. Heute fristet dieser »schönste« Bau ein trauriges Dasein im verwaisten Nymphengarten. Jedes Mal, wenn ich daran vorbeikomme, frage ich mich, was in dem Gebäude passiert, warum es so verwahrlost ist.

Als der Buchbestand 1982 die Millionengrenze überschritten hat, wurde das vom ersten Tag aufgetretene Raumproblem so groß, dass Oswald Mathias Ungers mit der Planung eines Neubaus an der Erbprinzenstraße beauftragt wurde. Er hat auch das Torhaus und die Galeria der Frankfurter Messe gebaut, das Wallraf-Richartz-Museum in Köln und die Bundesanwaltschaft an der Brauerstraße.

Wichtig bei der Gestaltung des Gebäudes war die Einbeziehung von Kunst im Innen- und im Außenraum. Im Innenhof stehen Skulpturen von Per Kirkeby, Sol Lewitt, Georg Herold und Hubert Kiecol.

Im Inneren gestaltete der Bildhauer Werner Stötzer mit seinen Schülern für den Durchgang zwischen Kuppelbau und hinterem Bereich des Lesesaals auf Sandsteinstelen platzierte Bronzebüsten von regionalen Schriftstellerpersönlichkeiten aus fünf Jahrhunderten, von denen die Landesbibiliothek die Nachlässe oder Bibliotheken bewahrt.

Antik anmutende Steinfragmente des schottischen Schriftstellers und Künstlers Ian Hamilton Finlay hängen an zentralen Pfeilern des Lesesaals und sollen auf die Verknüpfung des Wissens durch die großen Bibliotheken der Welt verweisen.

Doch was macht das Bücherparadies aus? Historisch bedeutsame Dokumente, viele Klosterhandschriften, u.a die des Klosters Reichenau oder die weltberühmte Handschrift »C« des Nibelungenlieds, die seit 2009 zum UNESO-Weltkulturerbe zählt. Eine Sammlung historischer Landkarten, eine der größten Musikaliensammlungen des Landes Baden-Württemberg, über 200 Nachlässe von Schriftstellern und Musikern und sonstigen bedeutenden Persönlichkeiten Badens. Der Philosoph Arthur Schopenhauer schrieb 1822 an seinen Jugendfreund Arthur Osann: »Was mir allein schwer fällt zu verlassen, ist meine eigene oder die öffentliche Bibliothek. Ohne Bücher auf der Welt wäre ich längst verzweifelt.« Wer lässt sich schon gern aus dem Paradies vertreiben.

*Über*

# Yoreme Waltz

Yoreme Waltz wuchs mit vier Geschwistern in einem Reihenhaus, das nicht in die Reihe passt, im Karlsruher Stadtteil Knielingen auf. Die Familie lebte im »Blauen Haus«, das der Vater, ein Architekt, gebaut hat. Die Mutter, eine Galeristin, nutzte die Wohnräume für Ausstellungen und »beseelte« es mit Kunst und ihren Sammlungen. Ab 1978 besuchte Yoreme die Freie Waldorfschule Karlsruhe. Ihr Studium der Musikwissenschaft, Kunstgeschichte und Literaturwissenschaft an der Universität Karlsruhe und an der Freien Universität Berlin schloss sie 1995 mit dem Magister Artium ab.

Schon während des Studiums beginnt sie 1993 ihre Arbeit als Produktionsleiterin bei »Sasha Waltz & Guest« in Berlin. Ihre Schwester Sasha und deren Mann Jochen Sandig gründeten die Tanzkompanie 1993. Als ihre Schwester an die Schaubühne am Lehniner Platz in Berlin ging, übernahm Yoreme dort die künstlerische Produktionsleitung Tanz von 1999 bis 2003. Seit 2004 ist sie Dramaturgin bei »Sasha Waltz & Guests« und kümmert sich außerdem um Filmeditionen und Publikationen. Bei der Ausstellung »Sasha Waltz. Installationen, Objekte, Performances« am ZKM Karlsruhe war sie verantwortlich für die Konzeption und Projektleitung. 2010 kehrte sie mit ihrer Familie nach Karlsruhe zurück und arbeitet seit 2015 für das Salonfestival. Das Team des Salons, das aus 34 Frauen besteht, hat es sich zur Aufgabe gemacht, die Salonkultur wieder aufleben zu lassen. Private Gastgeber öffnen ihre Türen für Veranstaltungen aller Art, Konzerte oder Lesungen, inzwischen in 22 Städten Deutschlands. Yoreme Waltz ist verantwortlich für das Programm in Karlsruhe, sowie bundesweit für alle musikalischen Veranstaltungen.

# CHRISTIANE RIEDEL

*Geschäftsführender Vorstand ZKM*

ZKM | ZENTRUM FÜR KUNST UND MEDIEN

*Bevor sie wusste, dass das ZKM einmal ihr Arbeitsplatz werden würde, war es für die Kunsthistorikerin und Literaturwissenschaftlerin Christiane Riedel schon ein besonderer Ort, mit dem sie ein Schockerlebnis verbindet.*

# Schockwellen

*von Christiane Riedel*

Mein Lieblingsort war bereits mein Lieblingsort, lange bevor es ihn überhaupt gab, und lange bevor ich von ihm wusste.

Es begann mit einem Schock! Als Studentin der Kunstgeschichte bestaunte ich die »Multimediale« des 1989 gegründeten ZKM. Mit offenen Augen und offenem Mund ging ich durch die Ausstellung – und verstand nichts. Ich war schockiert.

Warum waren mir während meines Studiums solche Werke, solche Medien, solche Themen noch nie begegnet? Warum hatte mir niemand vorher gezeigt, dass es so etwas gibt? Keiner wusste so genau, was das ZKM war oder werden sollte. Aber ich wusste: Das ist Zukunft. Das will ich wissen.

Dann zog ich erst nach Hamburg und später nach Hannover. Aber die Schockwellen erreichten mich auch in der Ferne: Auf der EXPO 2000 in Hannover gab es eine Halle, die mich und Tausende von BesucherInnen magisch anzog, sie war vom ZKM gestaltet. In ihr zogen riesige, leuchtende »Alien-Eier« ihre Bahnen. Sie reagierten auf die BesucherInnen, wichen ihnen vorsichtig aus, umkreisten sie neugierig, änderten dabei ihre Farben und Klänge – wie unbekannte Lebewesen, die trotz ihrer Größe zarte Fühlung mit den Menschen aufnahmen. Wir waren verzaubert. Ich war verzaubert – und angezogen von diesem ZKM, das solch erstaunliche Erlebnisse erzeugen konnte.

Aus der Ferne habe ich mich auf eine Stelle am ZKM beworben und bekam sie. Das ZKM hat mich angezogen und gezogen – nach Karlsruhe zurück.

Dieser imaginäre, noch nicht existente, künftige Ort, das ZKM, das erst 1997 in den Hallenbau der IWKA einzog, hatte mich also schon in seinen Bann geschlagen, bevor es ihn gab. So stark waren die Anziehungskräfte. Ich gravitierte bereits um das ZKM, lange bevor es als Ort existierte.

Es war zunächst gar kein realer Ort, sondern ein mentaler Ort, ein Ort der Inspiration, der Zukunft, ein Ort der produktiven Ungewissheit. Der Schock der ersten Begegnung war ein Erwachen, das meine Perspektive drehte: von der Kunstgeschichte in die Kunstzukunft, von der Reflexion zur Produktion. Das Erschrecken führte zum Entdecken.

Das ZKM ist ein »locus solus«, ein einzigartiger, wenn auch kein einsamer Ort. In den Werkstätten, Laboren und Instituten des ZKM forschen und entwickeln mit großer Intensität Menschen aus aller Welt. In der Bibliothek arbeiten nicht nur Studierende an der Vermehrung des Wissens. In den Ausstellungen drängen sich an Wochenenden oft Tausende in- und ausländische BesucherInnen. Im Hertz-Labor, im Bereich Wissen, im Ausstellungsbereich, in der Verwaltung, im Videostudio, in der Publikations-, Vermittlungs-, Veranstaltungs-, Kommunikations- und Marketingabteilung werden die Produktionen des ZKM, von Kunstwerken über Bücher bis zu Ausstellungen und Aufführungen, vorbereitet, begleitet und realisiert. Das ZKM ist eine Werkstatt, ein Zukunftslabor, das seine Impulse weit in die Welt sendet und inzwischen nach dem Museum of Modern Art in New York, der Venedig Biennale und dem Centre Pompidou in Paris zu den wichtigsten Kunstinstitutionen der Welt zählt.

Vom Turm des ZKM, der baulich unterstreicht, dass das ZKM ein Leuchtturm ist, blickt man über die riesigen Dächer des Gebäudes über die ganze Stadt, auf den Schwarzwald, nach Frankreich und bis in die Schweiz. Es

»Ich war verzaubert – und angezogen von diesem ZKM, das solch *erstaunliche Erlebnisse* erzeugen konnte.«

CHRISTIANE RIEDEL

ist, als sei das ZKM als Raumschiff hier gelandet, freundlich blinkend und surrend wie damals die Aliens in der EXPO-Halle.

Der Lichthof 7, das Foyer des ZKM, ist eine Agora, ein öffentlicher Ort, ein Platz der Zusammenkünfte, ein Teil der Stadt.

Tagsüber summt und brummt es im Foyer. Schulklassen hüpfen zu den Museumseingängen, im Restaurant trifft man sich zum Mittagessen, PhilosophInnen diskutieren mit KünstlerInnen, TechnikerInnen mit WissenschaftlerInnen, Studierende mit ProfessorInnen, Enkel mit Großeltern, Worker sitzen vor ihren Laptops, aus der Küche duftet frisch gebackener Kuchen, überall klingt und klingelt es – und durch alles zieht der Hauch der Zukunft.

Auch abends summt und brummt es im Foyer. Ob bei Performances oder Konzerten, Firmenevents oder Hacker-Treffen, mehr und mehr Interessierte und Inspirierte tummeln sich um das ZKM. Und sogar nachts bleibt es lebendig. Dann begleitet mich der Klang der Kunstwerke durch die riesigen dunklen Hallen des ZKM wie die Stimmen des Waldes bei einer nächtlichen Wanderung. Das ZKM schläft nie.

Es pulsiert an vielen Orten der Welt. Ständig ist es auf mehreren Kontinenten mit Ausstellungen, Aufführungen, Workshops oder Vorträgen präsent. Wie ein mentales Netzwerk breitet es sich vom Ort des Zentrums über die ganze Welt aus und knüpft neue mentale Verbindungen, um neue Impulse aufzunehmen.

Mitten in diesem Wirbel, diesem Magnetismus stehe ich nicht, sondern bewege ich mich. Meine Arbeitstage sind lang und werden oft zu Arbeitsnächten. Aber sie erfüllen mich mit Energie und Euphorie, es macht mich glücklich, zu erleben, wie ich die Magie des Kulturschocks, der mich einst selbst getroffen hat, an andere Menschen weitergeben kann. Ich bin im ZKM glücklich, weil es auch andere Menschen glücklich macht.

Von einem Kulturerlebnis heißt es ja oft, es sei entrückend, es erhebe einen von dem Ort, an dem man sich befindet: Kultur findet an einem mentalen Ort statt, der die Grenzen eines materiellen Ortes überwindet. Das ZKM war und ist für mich so ein mentaler Ort.

3

# ZKM | ZENTRUM FÜR KUNST UND MEDIEN

*im Hallenbau A*

Das ZKM befindet sich in der Südweststadt auf einem Areal, das sich Ende des 19. Jahrhunderts zu einem Gewerbe- und Industriegebiet entwickelte. 1872 siedelte sich hier die Patronenhülsenfabrik Henri Ehrmann & Cie. an, ab 1896 Deutsche Waffen- und Munitionsfabrik AG. Dank eines milliardenschweren Munitionsbeschaffungsprogramms des Deutschen Kaiserreichs im Ersten Weltkrieg konnte der Hallenbau A ab 1915 gebaut werden. Bei seiner Fertigstellung 1918 war er das größte Gebäude der Stadt: viergeschossig, 312 Meter lang, 52 Meter breit und 25 Meter hoch. Es wurde von dem auf Industriebauten spezialisierten Architekten Philipp Jakob Manz (1861–1936) erbaut und war damals einer der größten und fortschrittlichsten Industriebauten Deutschlands. Das Gebäude hat zehn Lichthöfe, seine Fassade beeindruckt durch große Fensterflächen. Auch im Zweiten Weltkrieg florierte das Unternehmen dank lukrativer Rüstungsaufträge, vor allem ab 1941, nachdem die Deutsche Wehrmacht den Russlandfeldzug startete. Hier beginnt ein noch traurigeres Kapitel des Unternehmens, der massenhafte Einsatz von ausländischen Zwangsarbeitern: Fast jeder zweite Beschäftige gehörte dazu, 1944 waren es über viereinhalbtausend Zwangsarbeiter, die hier schufteten, also fast die ganze Belegschaft.

Nach dem Krieg wurde die Produktion zunächst auf Verpackungs- und Drehmaschinen, sowie Pressen umgestellt, als 1955 jedoch die Bundeswehr gegründet wurde, nahm die Firma ihre Tätigkeit als Waffen- und Munitionsfabrik wieder auf. Dieses Mal zwar ohne Zwangsarbeiter, aber mit hunderten von Gastarbeitern. 2015 würdigte das ZKM mit seinem Programm GLOBALE die Architektur des Baus, gedachte aber auch seiner leidvollen Geschichte. Am Haupteingang erinnert außerdem eine Gedenktafel an die Zwangsarbeiter.

1978 zog die inzwischen durch Fusion zu Industriewerke Karlsruhe-Augsburg (IWKA) umfirmierte Firma nach Stutensee-Blankenloch auf das Gelände der ehemaligen Singer AG. Der riesige Hallenbau stand leer. 1989 erwarben Stadt- und Landesentwicklungsgesellschaft den Komplex und suchten nach einer Verwertung. Dem denkmalgeschützten Gebäude drohte zwischenzeitlich sogar der Abriss, bis im Juni 1992 der Karlsruher Gemeinderat beschloss, das 1989 gegründete ZKM in den Hallenbau A zu verlegen, am 18. Oktober 1997 wurde es eröffnet.

Mit dem ZKM zog auch die Städtische Galerie Karlsruhe in das Gebäude ein. Zwei Jahre später wurde das zum ZKM gehörende Museum für Neue Kunst fertiggestellt, und die 1992 vom Kunsthistoriker Heinrich Klotz gegründete HfG | Hochschule für Gestaltung zog ebenfalls in den Hallenbau ein. Klotz baute bereits 1979 als Gründungsdirektor das Deutsche Architekturmuseum in Frankfurt am Main auf, bevor er 1988 zum Gründungsdirektor des ZKM nach

Karlsruhe berufen wurde, wo er später auch der erste Rektor der HfG wurde.

Nach seinem Tod 1999 übernahm der österreichische Künstler, Autor und Kurator Peter Weibel die Leitung des ZKM.

Das ZKM möchte anders sein und hat eine Mission: die klassischen Künste ins digitale Zeitalter fortzuschreiben. Heinrich Klotz strebte durch die Medientechnologie eine Bereicherung der Künste an, er wollte einen Ort schaffen sowohl für die traditionelle als auch für die Medienkunst. Als Vorbild diente ihm das Bauhaus.

Bis heute ist das ZKM weltweit die einzige Kulturinstitution, die mit der Präsentation und Produktion von Kunst mit GastkünstlerInnen vor Ort die Verflechtung von Produktion, Forschung, Ausstellung und Aufführung, Vermittlung und Verbreitung, Konservierung und Restaurierung anbietet. Aktuelle Entwicklungen in Kunst und Gesellschaft in allen medialen Formen und Verfahren werden im ZKM präsentiert. Die Welt, vor allem die digitale Welt, soll besser verstanden werden. Auch Teil der Mission des ZKM: Etabliertes soll hinterfragt und Neues entwickelt werden. So ist das ZKM nicht nur ein Ort für alle Formen der Gegenwartskunst, eine Plattform für grenzüberschreitende Experimente zwischen den Künsten, es treffen sich dort auch Menschen aus aller Welt und jeden Alters, jeder ist eingeladen Kunst zu entdecken, sich auszutauschen, zu diskutieren. Das ZKM ist ein performatives und partizipatives Modell eines Museums für das digitale 21. Jahrhundert. Es ist auch ein Zentrum der Forschung und versammelt Wissenschaftlerinnen und Wissenschaftler unterschiedlicher Disziplinen. Und es steht im Dienst der Sammlung und Bewahrung von Kunst, insbesondere der digitalen und medialen Kunst. Darüber hinaus sieht sich das ZKM auch in besonderer Verantwortung gegenüber der Historie des Gebäudes und sieht es als seine Verpflichtung, den Wert der Grund- und Menschenrechte immer wieder zu thematisieren.

*Über*

# Christiane Riedel

»Ich konnte nicht ahnen, dass aus diesem imaginierten Lieblingsort eines Tages mein realer Arbeitsort werden würde.« Und dass ihr Weg sie wieder zurück in ihre Heimatstadt führt, wo sie 1962 geboren wurde.

Nach ihrem Studium der Kunstgeschichte, Architekturgeschichte und Literaturwissenschaft in Karlsruhe und Hamburg mit Schwerpunkt auf der Kunst des 20. Jahrhunderts bis zur Gegenwart war sie zunächst fünf Jahre Geschäftsführerin beim Deutschen Werkbund Baden-Württemberg in Karlsruhe. Dieser Wegbereiter des Bauhaus und des Neuen Bauens beschäftigt sich mit der Gestaltung der Umwelt in den Bereichen Architektur, Städtebau und Design.

Von 1997 bis 2002 war Christiane Riedel Geschäftsführerin des Niedersächsischen Forschungsverbunds für interdisziplinäre Forschung in Naturwissenschaft, Technik und Medizin in Hannover. Ein besonderer Schwerpunkt der Förderung lag bei Projekten, die auch den Aspekt der Frauen- und Geschlechterforschung beinhalteten.

2002 übernahm sie die Geschäftsführung des ZKM | Zentrum für Kunst und Medientechnologie (ab 2016 Zentrum für Kunst und Medien). Daneben übernahm sie unter anderem die Projektleitung des musikalischen Großprojekts »Amazonas Oper« im Mai 2010 in München und Sao Paulo oder die Ausstellung »Sasha Waltz Installationen Objekte Performances« 2013/2014 im ZKM.

Seit 2009 lehrt sie an der Karlshochschule International University im Studiengang Kulturmanagement und ist dort seit 2013 Honorarprofessorin.

Sie war im Hochschulrat der Hochschule für Musik in Freiburg und der Hochschule Pforzheim, ist im Hochschulrat der Hochschule für Musik in Karlsruhe und Vorsitzende des Hochschulrats der Hochschule für Gestaltung Karlsruhe. Außerdem ist sie Aufsichtsratsmitglied des KSC.

Seit 2017 ist Christiane Riedel Geschäftsführender Vorstand des ZKM.

# EUGENIA EICHHORN

*Pianistin*

JAPANGARTEN IM
ZOOLOGISCHEN STADTGARTEN
KARLSRUHE

*Die Pianistin aus Odessa lebt seit 1996 in Karlsruhe. Seit ihrer Jugend hat sie eine besondere Verbindung zu Japan und zur japanischen Kultur.*

# In einer anderen Welt

*von Eugenia Eichhorn*

Als ich Ende 1996 nach Karlsruhe kam, fühlte ich mich sehr einsam. Ich wäre gern in Freiburg geblieben, wo Freunde von mir studierten. Mein Musikstudium in Odessa hatte ich bereits ein Jahr vorher mit Auszeichnung absolviert, war eine aktive Konzertpianistin, arbeitete als Korrepetitorin am Opernstudio und habe immer viel Kammermusik gespielt. Nach dem Zerfall der Sowjetunion war die Welt nicht mehr abgeschlossen, und viele Künstler und Musiker haben ihre Wege in Europa und Amerika gesucht. Einige meiner Freunde sind damals nach Freiburg gegangen. Die Freiburger Hochschule für Musik hat eine Partnerschaft mit der Musikhochschule in Odessa – dem Odessaer Konservatorium. Ich wollte mich als Musikerin auch weiterentwickeln und bekam bald dank meiner Freunde die Gelegenheit dazu.

Ich kam im Februar zur Faschingszeit nach Freiburg. Das war ein Erlebnis, das ich nicht beschreiben kann: all die Masken, die Musik … Das hat mich fasziniert. So etwas hatte ich mir nur in Märchen vorgestellt.

Nach dem Bestehen der Aufnahmeprüfung für das künstlerische Aufbaustudium an der Musikhochschule musste ich jedoch wieder zurück nach

Odessa, da ich kein Stipendium in Freiburg bekommen konnte. Mir wurde empfohlen, es nochmals in einer größeren Stadt mit mehr Möglichkeiten für Stipendien oder Studentenjobs zu versuchen. Nach fünf Monaten habe ich erneut die Aufnahmeprüfung bestanden, an der Musikhochschule Karlsruhe, und habe Stipendien vom Zonta-Club und dem Internationalen Lyceum Club bekommen. So bin ich in Karlsruhe gelandet und habe bei Michael Uhde an der Hochschule für Musik im Aufbaustudium für drei Jahre meine musikalische Ausbildung in Klavierkammermusik fortgesetzt.

Schon bald, nachdem ich hier lebte, entdeckte ich den Japanischen Garten. Egal zu welcher Jahreszeit ich hierher komme, der Ort gibt mir Kraft, ich kann ihn genießen. Es gibt immer wieder Überraschungen: Im Frühling blühen die Magnolien so herrlich, das ist eine wunderbare Pracht. Im Herbst sind die Blätter so schön bunt gefärbt und spiegeln sich im Wasser, im Sommer ist es so schön grün. Ich mag die Natur, ich mag die Bäume, ich mag die Schönheit des Gartens. Ich komme am liebsten am Vormittag oder am Abend hierher, wenn es ruhig ist. Ich liebe die Ruhe. Man ist sofort in einer anderen Welt und taucht ab. Mich zieht hier alles an: die Atmosphäre, die Natur, die Bäume, das Wasser, die Ruhe, die japanischen Steinlaternen, die Pagoden, ich finde hier in diesem Garten alles schön. Es gibt vermutlich keinen anderen Ort in Karlsruhe, an dem so viele verschiedene Bäume auf einer so kleinen Fläche stehen. Besonders glücklich bin ich, im Frühling dort zu sein. Sofort musste ich an das berühmte Haiku von Issa Kobayashi (1763–1827) denken:

> Dieser Frühlingstag
> Fängt mein Herz mit Jubel an,
> Weil die Pflaumen blühn!

Mit Japan und japanischer Kultur sind unvergessliche Eindrücke und Erinnerungen aus meiner Kindheit verbunden. In den 1980er Jahren entwickelte sich zwischen meiner Kindermusikschule und einer Schule in Yokohama eine sowjetisch-japanische Freundschaft. Als eine Gruppe aus Yokohama, einer der Bruderstädte von Odessa, zu Besuch kam, wurde das Ensemble un-

serer Schule für die musikalische Untermalung eingeladen. Und wir haben die Menschen aus dem Land der aufgehenden Sonne kennengelernt.

Als Dolmetscher war bei diesem Treffen ein älterer Mann dabei. Er war der einzige Mensch in Odessa, der Japanisch und Chinesisch sprechen konnte. Später habe ich erfahren, dass er in der ehemaligen russischen Stadt Harbin in der Mandschurei in China aufgewachsen war. Als Japan einen starken Einfluss in der Mandschurei gewann, musste er neben dem Chinesisch auch Japanisch in der Schule lernen. Nach dem Zweiten Weltkrieg war er nach Odessa zurückgekehrt.

Nach diesem ersten Treffen gründete dieser einzigartige Mensch eine Japan-AG an unserer Musikschule und unterrichtete ehrenamtlich die japanische Sprache und hat mit uns japanische Lieder einstudiert. Es gab ja noch kein Internet, und er war der einzige, der etwas über Japan erzählen konnte und uns die japanische Kultur vorgestellt hat. Das waren für uns 1001-Nacht-Geschichten, wir waren alle fasziniert davon. Japan war für uns das Tor in die andere Welt. Beim nächsten Freundschaftsbesuch aus Japan konnten wir schon kurze Gespräche in Japanisch führen, ich habe japanische Stücke auf dem Klavier vorgespielt und wir haben Gedichte vorgetragen. Ich hatte zwei japanische Brieffreunde, wir haben Fotos, kleine Souvenirs und Erinnerungsstücke ausgetauscht.

Ich habe mich immer mehr für japanische Malerei, Poesie und Geschichte interessiert. Ich mag Haikus sehr, Tuschmalereien auf Seide und Papier, japanische Farbholzdrucke, ich mag alles, was die japanische Kultur ausmacht. Darum bin ich so gern hier in diesem Garten. Er erinnert mich auch an meine Heimat, an meine Stadt Odessa, die ich vermisse. Aber ich vermisse sie so, wie sie zu meiner Zeit war.

Ich wohne nur fünf Minuten von hier entfernt, meine drei Kinder sind im Stadtgarten aufgewachsen, wir sind immer hierher gekommen. Wenn ich hier bin, habe ich immer das Gefühl, nicht in Karlsruhe zu sein. Man kommt aus dem Bahnhof und ist in drei, vier Minuten in einer anderen Welt. Das ist etwas Besonderes an Karlsruhe. Es gibt noch eine Straße hier, die ich auch sehr gern mag, weil so viele schöne alte Häuser dort stehen. Das ist die Jahnstraße hinter dem Scheffelplatz. Dort waren früher Übungsräume der Musikhochschule. Dahin bin ich auch immer sehr gern gegangen, eine wunderschöne Straße.

Im Grunde fühle ich mich als Künstlerin überall zu Hause. Künstler ist ein internationaler Beruf, er ist nicht so sehr mit einem Ort oder einer Nationalität verbunden. Meine Freunde aus Odessa, die alle auch Künstler sind, leben auf der ganzen Welt, in den USA, in Australien. Musik ist eine internationale Sprache, sie erzählt von Liebe und Freude, Schmerz und Hoffnung. Ich lebe jetzt über zwanzig Jahre hier in Deutschland, habe all die Jahre immer unterrichtet und Konzerte gegeben, nie eine Pause gemacht, auch nicht, nachdem meine Kinder geboren waren. Das hat mir Halt gegeben. Und der Japanische Garten gibt mir Kraft, und ich finde hier Ruhe und Inspiration. Wenn ich nach Hause laufe, gehe ich immer an einem kleinen Brunnen vorbei, der an der Mauer außen, hinter dem japanischen Schrein steht. Die meisten Menschen laufen an ihm achtlos vorbei. Ich freue mich jedes Mal, wenn ich an ihm vorbeilaufe. Es ist so ein schöner, kleiner Brunnen, den niemand bemerkt.

4

# JAPANGARTEN

*im Zoologischen Stadtgarten Karlsruhe*

Ein japanischer Garten lädt zur Meditation ein. Jedes Element hat in der japanischen Kultur eine tief verwurzelte Bedeutung: Steine können Tiere symbolisieren, Wasser Seen und Ozeane, der Kies, der oft in Wellenform gerecht wird, stellt Flüsse oder das Wasser dar. Bambus ist eine Verbindung aus Biegsamkeit und Standfestigkeit, Brücken schaffen Perspektiven und Blickwechsel, Felsen und Steine, Büsche und Moos symbolisieren Landschaften.

Der Japangarten im Karlsruher Stadtgarten ist nicht groß, aber das muss ein japanischer Garten auch nicht sein. In Japan sorgen selbst kleine Gärten mit ihren vielen Details für einen Eindruck von Größe und Weite. Und der Garten ist reich davon: Es finden sich religiöse Elemente wie der Shint-Schrein, die Pagode und die Steinlaternen, die in Japan den Eingang einer Tempel- oder Schreinanlage beleuchten. Ein kleiner Teepavillon lädt zum ruhigen Verweilen am kleinen See ein. Ein Wasserschöpfstein befindet sich neben dem Schrein, Schrittsteine lassen einen über das Wasser wandeln.

Ein Karlsruher Arzt, der mehrere Jahre in Japan gearbeitet hat, initiierte den Bau: Er brachte eine japanische Steinlampe und Samen von Pflanzen aus Japan mit, und Gartenbaudirektor Friedrich Ries ließ ab 1913 den Garten und einen kleinen Teich anlegen.

Professor Siegfried Gräff, der ebenfalls längere Zeit in Japan gelebt hat, ist es zu verdanken, dass die Stadt Nagoya dem Garten 1927 einen kleinen Shint-Schrein mit zwei Schutzlöwen schenkte und einen Plan für ein Torii, das ist ein rotes Tor, das als Eingang zum Schrein dient und den Übergang von der weltlichen zur geistigen Welt markiert. 1938 erhielt Karlsruhe ein weiteres Geschenk aus Nagoya, eine 13-stöckige Pagode, die im Zweiten Weltkrieg zerstört und Anfang der 1950er Jahre restauriert wurde.

1965 wurde der Japangarten unter Anleitung von Professor Keiji

Uyehara, dem Direktor der Gartenbauabteilung der landwirtschaftlichen Hochschule in Tokio, umgestaltet und erweitert. Er ließ den Garten in zwei Teile gliedern, die durch den Hauptweg voneinander getrennt sind. Die zum Stadtgartensee liegende Seite wurde als Trockengarten mit Kies und bedeutungsvollen Steinen gestaltet. Diese Art der Gestaltung heißt »Karesansui« und geht zurück auf den Zen-Buddhismus. Die Kiesfläche symbolisiert eine Wasserfläche.

Auf der anderen Seite des Hauptwegs wurde der Garten mit Hinweisen auf verschiedene Landschaften angelegt: Ein Wasserlauf mit Wasserfall symbolisiert die Berge, ein angedeuteter Flusslauf zeigt den Übergang zum Meer. Man kann ihn durch ein zweites Torii betreten, das genau gegenüber des Kiesgartens steht. Die Bepflanzung wurde in verschiedenen Grüntönen mit wenigen kurzen Blütenhöhepunkten durch eine Magnolie, Zierkirschen und Azaleen angelegt.

Ruhe und Harmonie strahlt der Garten aus, ein Vorbild und gleichzeitig ein Symbol für ein Leben in Harmonie. So soll er ein Rückzugsort sein, in dem der Mensch seine innere Ruhe findet. Doch er soll auch von der Kunstfertigkeit der Menschen zeugen: Auch wenn der Mensch die Natur nicht übertreffen kann, so kann er doch einen leeren Ort so umgestalten, dass er wie eine natürliche Kulisse wirkt, als gäbe es ihn schon seit Ewigkeiten. Im japanischen Garten in Karlsruhe wird die Ewigkeit auch durch den historischen Baumbestand symbolisiert. Alte, mächtige Nadel- und Laubbäume rahmen ihn ein und bieten ihm Schutz.

Im Mai 2018 wurde hier ein Teehaus eröffnet. Auf Initiative der Deutsch-Japanischen Gesellschaft wurde es von dem in Köln lebenden japanischen Architekten Kazuhisa Kawamura errichtet. Dort finden regelmäßig Teezeremonien mit ausgebildeten Teemeistern statt.

»Ich mag die Natur,
ich mag die Bäume,
ich mag die *Schönheit des Gartens.*«

EUGENIA EICHHORN

*Über*

# Eugenia Eichhorn

Odessa, die weiße Perle am Schwarzen Meer, war einmal die viertgrößte Stadt des russischen Imperiums, ein einmaliges Gemisch religiöser, ethnischer, nationaler und kultureller Gemeinschaften. Katharina die Große verfügte 1794, dass unweit der Festung Ei-Dunja eine neue Stadt gegründet werden sollte. Zum einen sollte ein leistungsfähiger Militärhafen gebaut werden, zum anderen sollte die neue Stadt von aufklärerischen Ideen bestimmt sein. Ihr Plan ging auf, Odessa zog viele Völker an. Alexander Puschkin lobte in der Erzählung »Eugen Onegin« das freie und ungezwungene Leben in der Stadt. Das liebt auch die Pianistin Eugenia Eichhorn, die in Odessa geboren wurde und dort aufgewachsen ist.

Odessa ist eine internationale Stadt, wird von ihren Bewohnern liebevoll »Mama Odessa« genannt. Viele Nationen lebten hier miteinander: Russen, Franzosen, Italiener, Deutsche, Griechen und viele mehr, über hundert Nationen sollen es gewesen sein. Auch eine große jüdische Gemeinde bestimmte das Stadtleben. Weltberühmte Künstler, Schriftsteller und Musiker wie die Pianisten Swjatoslaw Richter, Emil Gilels und der Geiger Dawid Oistrach, sind in Odessa geboren und aufgewachsen.

Seit ihrer Kindheit spielt sie Klavier und wusste früh, dass sie Pianistin werden wollte. 1995 schloss sie ihr Studium am Konservatorium Odessa bei Igor Suchomlinov, einem Schüler des legendären Pianisten und Musikpädagogen Heinrich Neuhaus, mit Auszeichnung ab. Parallel zum Studium war sie Klavierlehrerin an der Städtischen Musikschule Odessa sowie Korrepetitorin an der Pädagogischen Hochschule und beim Opernstudio des Konservatoriums. Schon während des Studiums entwickelte sich ein großes Interesse für Kammermusik.

1996 begann sie ein Aufbaustudium in Kammermusik an der Hochschule für Musik Karlsruhe bei Michael Uhde, das sie 1999 erfolgreich abschloss. Sie unterrichtet Klavier an privaten Musikschulen, engagiert sich als Kirchenmusikerin, gibt regelmäßig Konzerte in Karlsruhe und Umgebung, gestaltet thematische Auftritte und Musikabende und begleitet seit 2018 das Ettlinger Seniorenkabarett »Die grauen Zellen« am Klavier.

# HANNELORE LANGHANS

*Künstlerin*

## STAATLICHE MAJOLIKA MANUFAKTUR KARLSRUHE

*Die Künstlerin Hannelore Langhans wurde von der Leidenschaft für Keramik erfasst, als sie 2000 eine Anfrage von der Staatlichen Majolika Manufaktur Karlsruhe erhielt. Für eine Benefizveranstaltung der Aidshilfe wurden Künstlerinnen und Künstler gesucht, die Fliesen bemalten.*

# Ton ist wie ein Virus

*von Hannelore Langhans*

Lieblingsort? Lebensmittelpunkt?!? In diesem roten Sandsteingebäude, mitten im Hardtwald, verbrachte ich wohl die meiste Zeit der letzten neunzehn Jahre. In diesen historischen Mauern habe ich geschwitzt, geformt, gemalt und vor dem Öffnen des Brennofens gezittert.

Viele Ballen Ton wandelten sich hier unter meinen Händen zu Tieren, Wänden, Büchern, Figuren, Reliefs, denn unendliche Möglichkeiten verstecken sich in einem Klumpen dieses uralten Werkstoffs, der seit Jahrtausenden auf allen Kontinenten zu Kunstwerken, Gebäuden, Schrifttafeln, Vorratsbehältern, Götterfiguren geformt wurde. Apropos: Laut der Geschichte der Erschaffung der Menschheit ist es ja ein göttlicher Werkstoff! Und, er vereinigt alle vier Elemente: Erde, Wasser, Luft und Feuer, um zu Keramik zu werden.

Vor Ehrfurcht fast erstarrt, betrat ich zum ersten Mal mit meinem Vater im Alter von circa dreizehn Jahren die Majolika und voller Bewunderung auch das kleine Museum. Spontan verliebt in die kleine Nymphe die den kleinen Faun aus einer Schale tränkt. Eine Brunnenplastik von August

Schädler, deren Ausdruckskraft und »Liebreiz« (hier muss ich dieses altmodische Wort benutzen) mich auch heute noch bezaubern. Staunte über die Riesenräume in Komplettausstattung bis hinauf zum Majolika-Kronleuchter im Admiralspalast in Berlin.

Ich wusste zwar damals schon: »Ich werde Künstlerin!« (kein Stück Papier war vor mir sicher, und mein erstes Auftragsbild war verkauft), aber ahnte nicht, dass ich mich einmal in die lange Reihe der in der Majolika wirkenden Künstler einreihen kann, mit Zeitgenossen aus verschiedenen Ländern zeitgleich oder gemeinsam in den Ateliers arbeiten und viele verschiedene Projekte in die Tat umsetzen werde.

Ahnte nicht, dass mich nach Jahren der Grafik und Malerei der Virus des Formens aus einem Lehmklumpen befallen und nicht mehr loslassen wird.

Hatte keine Ahnung, dass ich einmal eine so große Spanne meines Lebens in diesem über hundert Jahre alten geschichtsträchtigen Gemäuer mit den baufälligen, jetzt sanierten Kaminen verbringen sollte, dessen Mauern noch immer vollgesogen scheinen mit dem Geist von Kreativität und künstlerischer Schaffenswut mehrerer Generationen.

Ja, die Geister, besonders nachts oder an Wochenenden, wenn ich, wie oft, allein im Haus arbeitete, glaubte ich, sie in den vielfältigen Geräuschen des Hauses, im Knacken, Seufzen, Heulen bei Wind und im Klicken der Brennöfen zu hören und zu spüren.

Manchmal mit leichter Gänsehaut.

So viele Künstler haben hier ihre Spuren hinterlassen, aber auch in meinem Leben. Ich durfte Arbeitsweisen, Stile und Techniken miterleben, man tauschte sich kreativ aus, leistete Hilfestellung, gab sein Know-how weiter. Eine große Bereicherung. Das abendliche Zusammensitzen in internationalem Kreis (Frankreich, England, Tunesien, Ägypten und Old Germany), vereint bei einem Glas Wein und hin und wieder einer gedeckten Tafel, gehörte nach einem arbeitsreichen Tag manchmal dazu. Jahre überdauernde wertvolle Freundschaften sind entstanden. So viel Kunst ist hier entstanden und entsteht immer NOCH.

»Ich liebe es, wenn aus einer formlosen Masse ein *Gebilde* entsteht.«

HANNELORE LANGHANS

NOCH arbeiten hier Künstler Hand in Hand mit den wenigen verbliebenen Majolika-Keramikern, lassen einmalige Dinge entstehen, verfolgen mit Spannung das Öffnen des Brennofens, sehen mit Freude und manchmal mit Schrecken, wie das Feuer ihre Arbeit wunderbar verwandelt, Glasurfarben und die Malereien zum Leuchten bringt oder ihr Werk vernichtet. Apropos Keramiker: Ich verdanke vieles Wissen, das ich mir im Lauf der Jahre aneignen konnte dem kollegialen Miteinander mit den kundigen Fachleuten der Majolika, die mich auch bei großen Vorhaben tatkräftig unterstützten.

Bei meiner schwersten Geburt, die tatsächlich neun Monate dauerte, einer großen Wand in einem Neubau mit großem Foyer, stand mir Theo, oder Fjodor, wie er ebenfalls genannt wird (ich muss ihn einfach erwähnen), sozusagen als Geburtshelfer mit unerschütterlicher Ruhe und Kompetenz zur Seite und behielt immer den Überblick. Allein die Verwaltung der über fünfhundert großen Fünfzehn-Kilo-Fliesen mit bis zu teilweise drei Bränden hätte mich total überfordert. Trotz Widrigkeiten: fertig, pünktlich zum Eröffnungstermin!

In dieser Zeit »wohnte« ich praktisch in der Majolika, auf dem Gerüst, in einem großen Atelier, auch sonn- und feiertags. Und bekam ohne Fitnessstudio von Tag zu Tag kräftigere Armmuskeln.

Leider sah ich viele gute Mitarbeiter den Hut nehmen oder nehmen müssen und mit ihnen gingen oft Kompetenz und Wissen. Denn nicht immer ging es freundlich und fröhlich zu in der Arbeitswelt der Majolika. Manches lieferte, schriebe ich es nieder, Stoff für eine soap opera mit allen Aspekten.

Aber die Jahre vergingen. Die Geschäftsführer kamen und gingen. Ich bin immer noch da.

Unter Aufbietung aller Kräfte, mit innovativen Ideen und der Unterstützung der wenigen, unglaublich engagierten und versierten Mitarbeiter (und natürlich der Künstler) versucht der vierte meiner Ära, das Schiff Majolika wieder flott zu machen: Kurs 4.0.

Und es scheint wieder tieferes Wasser unter dem Kiel. Aber dafür muss man baggern, die Fahrrinne tiefer legen, wie in der Elbe. Und das kostet Geld.

Ob da ein »Fürst« die Rettung ist? Sicher nicht ein Hahn und eine Henne. Totgesagte leben länger, behauptet man. Insofern müsste die mehrfach totgesagte Majolika mindestens nochmals hundert Jahre alt werden, und Hans Thoma hätte seine Zweihundertjahrfeier.

Tja, wäre sie doch nur ein Fußballclub! Sie müsste nicht immer Ausschau halten nach dem Damoklesschwert über ihrem Haupt, könnte sich im Hardtwald konzentriert ihrer Passion widmen, sich künstlerisch zu entfalten und Künstlern eine Plattform bieten, dies ebenfalls zu tun und die vielen Facetten der Ausdrucksmöglichkeiten der Keramik zu entdecken.

Hier sitze ich mit meinen krusen Gedanken, im weiten, vom Nachmittagslicht durchfluteten Raum der Formerei. Eine schöne Stimmung. Momentaner Lieblingsort.

Die großen, kleinscheibig unterteilten staubigen Fenster nach Westen und Norden lassen wie mit Weichzeichner den Blick frei auf die alten Kamine und hochragenden Bäume.

Neben mir meine letzte Arbeit, die auf den Brennofen wartet.

Ich schaue mich um: So saßen sicher schon Hans Thoma, Erwin Spuler und viele Folgekünstler im gleichen Ambiente. Umgeben von Arbeitstischen, Formen, Werkzeugen, Stellagen, Tonballen, Arbeitsspuren, Skizzen und Bildern von Arbeiten.

Alles zeugt von Kreativität, Schaffenskraft und Tradition. Nicht erhaltenswert? Nicht schätzenswert? So viel Kunst ist hier entstanden und entsteht immer NOCH.

Es braucht sehr viel Wissen, Erfahrung, Technik und oft auch schweres Handwerk, um aus diesen Klumpen Lehm große Wände, Stelen, Kunstwerke und alle anderen vielen Dinge, die sich darin verbergen, ans Licht zu bringen. Es gibt weltweit wunderbare zeitgenössische Beispiele für Keramikkunst und Kunst in Keramik an und in Bauten. Warum nicht wieder aus Karlsruhe?

5

## STAATLICHE MAJOLIKA MANUFAKTUR KARLSRUHE

Majolika ist die altitalienische Bezeichnung für Mallorca. Von dort wurden ab dem 14. Jahrhundert Fayencen nach Italien exportiert. Heute wird der Begriff Majolika für verschiedene Arten von farbig glasierter Tonware verwendet, aber nur für solche mit weißen Blei-Zinnoxid-Glasuren: eine Opakglasur mit glänzender, meist weißer Oberfläche, die als Basis für die farbige Dekoration dient.

»Die Keramik ist eine Leidenschaft. Wen sie einmal erfasst hat, lässt sie nicht mehr los.« So erging es dem Maler Ludwig Thoma, der zusammen mit Wilhelm Süs die Gründung der Großherzoglichen Majolika Manufaktur initiierte und ihr Leiter war. 1901 stimmte der badische Großherzog Friedrich I.

dem Bau einer keramischen Werkstatt zu, die er privat bezahlte. Erbaut wurde sie in der Hoffstraße vom Karlsruher Architekten Friedrich Ratzel. Von ihm stammen auch die Jugendstil-Litfasssäulen, von denen noch ein paar wenige in der Innenstadt erhalten sind, u.a. stehen noch welche davon neben dem Eingang des Majolika-Museums, auf dem Gutenbergplatz, dem Friedrichsplatz und hinter der Kunsthalle.

Schon bald nach ihrer Gründung war die Majolika weltweit bekannt:

1904 wurde sie auf der Weltausstellung in St. Louis mit einer Goldmedaille ausgezeichnet.

Der rasche Erfolg machte bald schon einen Umzug notwendig, denn die Räume in der Hoffstraße reichten nicht mehr aus. Seit 1909 befindet sie sich in den Gebäuden am Ahaweg im Hardtwald, am Rande des Schlossgartens. Ein Pfad mit blauen Majolikafliesen führt vom Schlossturm durch den Garten in den Ahaweg, so dass man wie Hänsel und Gretel leicht zu ihr findet.

Hans Thoma entwarf ihr Signet, das bis heute im Wesentlichen unverändert ist: das badische Wappenschild mit Großherzogskrone und einem zweifachen »M«, das für die Majolika und ihr Museum steht, das sich auf dem Gelände der Majolika befindet.

1936 erblickte ein besonderes Tier das Licht der Majolika-Welt. Jeder kennt es, doch die wenigsten außerhalb Karlsruhes wissen, woher es stammt: das Bambi. Das von der Bildhauerin Else Bach gestaltete Rehkitz wurde 1948 erstmals als Medienpreis an die Schauspielerin Marika Rökk übergeben, damals noch in weiß. Inzwischen wird das

Bambi nicht mehr aus Keramik und bei der Majolika produziert, sondern seit 1958 aus vergoldeter Bronze von einer Kunstgießerei. Das originale Bambi kann man immer noch in der Majolika erwerben, in vielen Farben.

Doch nicht nur für ihre Tierskulpturen war und ist die Manufaktur bekannt. In den vielen Jahren wurden von namhaften Kunstschaffenden aus aller Welt Objekte aus Keramik erschaffen, Kamine und Säulenöfen, Wohn- und Gartenkeramik, aber auch »Kunst am Bau«. Über 180 Künstler arbeiteten schon für die Majolika.

Die Majolika ist die einzige noch existierende Keramikmanufaktur in Deutschland. Sie hat inzwischen Gesellschaft von einem Heizkraftwerk bekommen, wodurch sie etwas von ihrem Reiz und ihrer ehemals idyllischen Lage verloren hat. Doch noch immer ist es ein ruhiger, etwas abgeschiedener Ort, an dem es sich gut kreativ arbeiten lässt.

*Über*

# Hannelore Langhans

Die 1944 in Mannheim geborene Künstlerin Hannelore Langhans lebt seit über fünfzig Jahren in Karlsruhe. Als ihr Vater 1956 eine Stelle als Geschäftsführer in einer Firma im Rheinhafen bekommt, zieht die Familie hierher. Für die Firma kaufte er Werbe- und Weihnachtsgeschenke bei der Majolika ein, und auch privat erwarb er einige Stücke: »So entstand mein erster Kontakt mit der Majolika.«

Nach einer Lehre als Grafikerin in einem grafischen Atelier arbeitete sie viele Jahre in der Werbung und als Produktdesignerin in Agenturen und der Industrie, danach als selbstständige Grafikerin.

Durch den Vater, der in seiner Freizeit malte, entdeckte Hannelore Langhans die Liebe zur Kunst und zur Malerei: »Schon als Kind konnte ich mich auf meine Eins in Kunst verlassen.«

1992 dann die erste große Einzelausstellung in der Städtischen Galerie Ettlingen. Von nun an arbeitet sie ausschließlich als freischaffende Künstlerin mit dem Schwerpunkt Malerei. Es folgen zahlreiche Einzelausstellungen und Ausstellungsbeteiligungen. Musik und Literatur sind Inspiration: Ein Zyklus zu den Werken von Wolfgang Rihm entsteht, sie setzt seine Musik in Farbe um. Den Gedichten des elsässischen Poeten Claude Vigée widmet sie einen Zyklus, auch »Die Verwandlung« von Franz Kafka verarbeitet sie künstlerisch. Die »Bibliotheka Majolika« entsteht, Buchskulpturen, bei denen die begeisterte Leserin den Geist eines schriftstellerischen Werks in eine andere Dimension transportiert.

Seit 2000 arbeitet Hannelore Langhans als freie künstlerische Mitarbeiterin für die Staatliche Majolika Manufaktur. Sie fertigte zahlreiche Auftrags- und freie plastische Arbeiten an, u.a. die große Fliesenwand im Foyer des Neubaus der Sparkasse Karlsruhe am Europaplatz.

Für die INDEPENDENT DAYS – Internationale Filmfestspiele Karlsruhe gestaltet sie die neue Trophäe, einen Mops mit Namen Karlina, der 2019 auf der art Karlsruhe präsentiert wurde.

2018 war sie für den Südwestdeutschen Keramikpreis nominiert und stellte ihren blauen Affen aus, eine Skulptur mit derselben Friseur wie Donald Trump, die den Titel »Sein wie Gott« trägt.

# JALEH PEREGO

*Violinistin und Musikwissenschaftlerin*

SCHLOSS GOTTESAUE

*Die Musikhochschule im Schloss Gottesaue ist für die Violinistin Jaleh Perego ein Ort der Geborgenheit, der Weltoffenheit, der Schöpferkraft. Hier verbringt sie seit vielen Jahren viel Zeit und liebt die einzigartige Atmosphäre.*

# Die weite Welt

*von Jaleh Perego*

Seit ich 2006 von Wien nach Karlsruhe zog, um in der Klasse von Nachum Erlich mein Violinstudium fortzusetzen, ist Schloss Gottesaue zum Mittelpunkt meines Lebens geworden. Das tägliche Üben und die Proben in den vom ersprießlichen Grün geborgenen Räumen der Musikhochschule ist der Humus, in dem Freundschaften, Begegnungen und musikalische Sternstunden gediehen sind, die meinen Lebensweg maßgeblich geprägt und bestimmt haben. Vor allem in den Kammermusik-Projekten verschmelzen das Musikalische und Menschliche tief ineinander. Lange Proben und Unterrichtsstunden stellen sie zuweilen auf die Probe, gelungene Konzerte bestätigen sie aufs Neue. In den Wänden und Anlagen von Schloss Gottesaue vergehen so neben den musikalischen Projekten auch reichlich gemütliche Stunden unter Freunden. Auch die zahlreichen und treuen Konzertbesucher tragen zum spannenden Austausch bei.

Die Konzertreisen nach Israel und Brasilien mit dem Kammerorchester unter der Leitung meines Professors Nachum Erlich veranschaulichen musterhaft die weite Ausstrahlung dieser Bildungsstätte, die mir unvergessliche

Einblicke in die Welt ermöglicht hat. Dazu zählen Begegnungen mit großen Meistern wie Ivry Gitlis oder Menahem Pressler, die viel zu meinem persönlichen Wachstum beigetragen haben.

Die Musikhochschule hat mir zudem nach dem Ablegen des Solistenexamens 2019 ihre Tore für eine musikwissenschaftliche Promotion geöffnet und birgt unzählige Ressourcen, die sich nach und nach herausstellen. Wintertage in der Bibliothek unter dem Dach beim Heulen des Winds und beflissene Sommernächte im Schatten der Kastanienbäume im Hof haben über die Jahre die Erinnerung an bestandene Projekte gefärbt und belebt.

Auch nach ausgiebigen Reisen versprechen die Heim- und Einkehr in die Wände dieses geschichtsträchtigen Märchenschlosses erbauliche und schöpferische Stunden im Dienst der Musik.

6

# SCHLOSS GOTTESAUE

Benediktinerkloster und Lustschloss, markgräfliches Kammergut und Artilleriekaserne, Zerstörung im Zweiten Weltkrieg, Wiederaufbau und Sitz der Staatlichen Hochschule für Musik. Wechselvoller als die von Schloss Gottesaue kann die Geschichte eines Ortes kaum sein.

In den »Gottesauer Annalen« wird die Klostergründung durch Graf Berthold von Hohenburg 1094 schriftlich bezeugt. Die ersten fünf Äbte des Klosters kamen aus Hirsau, darunter Abt Wilhelm, der nicht nur als Astronom berühmt war, sondern auch ein ausgezeichneter Musiker und gebildeter Musiktheoretiker. Am Ende desselben Jahrtausends ist Gottesaue wieder ein musikalischer Ort geworden, sicher noch intensiver als damals.

Das Kloster ist fast spurlos verschwunden, es gibt keine Überreste der Gebäude, bei Ausgrabungsarbeiten wurden im 20. Jahrhundert Grabsteine und wenige Bruchstücke gefunden, sowie Reste eines Friedhofs. Die Existenz des Klosters lässt sich nur durch schriftliche Quellen nachvollziehen. Als 1556 in Baden-Durlach die Reformation eingeführt wurde, wurde es durch Markgraf Ernst säkularisiert und einkassiert.

Dreißig Jahre später wird Schloss Gottesaue erstmals schriftlich erwähnt: Ende 1588 wurden Arbeiten an einem Schloss verzeichnet. Markgraf Ernst Friedrich von Baden-Durlach wollte ein Jagd- und Lustschloss unweit seiner Residenz. Nach seiner Fertigstellung soll es »ein unverwechselbares Meisterwerk in der Schlösserlandschaft am Oberrhein« gewesen sein, wie Wolfgang Wiese von der Oberfinanzdirektion schrieb. Eine Mischung aus »Lusthaus und Landschloss«. Tatsächlich war es eines der bedeutendsten Renaissancebauwerke nördlich der Alpen.

Zwei Mal wurde versucht, das Kloster zu restitutionieren: Mönche aus Ochsenhausen besetzten die Abtei 1631 und 1635. Der erste Versuch ging in den Wirren des Dreißigjährigen Kriegs unter. Der zweite gelang, wurde jedoch nach dem Westfälischen Frieden 1648 wieder rückgängig gemacht.

1653 fand die zweite Frau des Markgrafen Wilhelm von Baden-Baden, Maria Magdalena von Oettingen, im zerstörten Kloster die Figur einer Muttergottes auf der Mondsichel und brachte sie in die von ihr gestiftete Drei-Eichen-Kapelle in Baden-Baden. Sie gab ihr den Namen »Mariä Trost zu den drei Eichen«, noch heute ist die Gnadenfigur Ziel von Wallfahrten.

Nachdem es den Dreißigjährigen Krieg einigermaßen unbeschadet überstanden hat, wurde das Renaissanceschloss im Pfälzischen Erbfolgekrieg 1689 teilweise zerstört. Es wurde notdürftig renoviert, brannte dann 1735 aber bis auf die Grundmauern aus. 1740 ließ es Markgraf Karl Friedrich wieder aufbauen, obwohl das Interesse an diesem Gebäude seit der Stadtgründung von Karlsruhe gering war. Der ursprüngliche Stadtgrundriss nimmt keinerlei Bezug zu Schloss Gottesaue auf. Es verlor bei der Renovierung ein Stockwerk, aus drei wurden zwei Geschosse, und auch die Türme mussten auf ein viertes Stockwerk verzichten.

Nach dem Erbfolgekrieg wurde auf dem Gelände ein Kammergut

betrieben, das 1210 Morgen umfasste. Es gab einen Geflügelhof, eine Gaststätte und einen Küchengarten für den Markgrafen. Von 1747 bis 1795 existierte eine Ziegelhütte, die ehemalige Klosterkirche funktionierte man in einen Fruchtspeicher um. Die 1770 in Betrieb genommene Brauerei wurde 1774 an Prinz Wilhelm Ludwig, den Bruder des Markgrafen, verpachtet. Der Brauereibetrieb wurde 1793 aber schon wieder eingestellt. Die Markgräfin Caroline Luise bekam für die Anpflanzung von Maulbeerbäumen zur Seidenzucht das Klosterfeld geschenkt. Ein Schäfereiinstitut, eine Bienenzucht, eine Ziegel- und Kalkbrennerei, eine Wachs- und Bleichanstalt, eine Kartoffelzucht – all das fand sich bis 1815 mehr oder weniger lang auf dem Gelände des ehemaligen Klosters Gottesaue.

Als das badische Kriegsministerium vorschlug, das wenig erfolgreich bewirtschaftete Gut für militärische Zwecke zu nutzen, wurde das Ensemble ab 1818 vom Militär belegt und zur Kaserne umgebaut. Die gesamte badische Artillerie war in Gottesaue stationiert. Als irgendwann die Kapazitäten nicht mehr ausreichten und das Militär neue Kasernen bezog, wurden nach dem Ersten Weltkrieg Notwohnungen eingerichtet, in den heruntergekommenen Nebengebäuden soziale Einrichtungen und Gewerbebetriebe untergebracht. 1922 eröffnete in der Reithalle der ehemaligen Kaserne das Reitinstitut »Karlsruher Tatterstall«. 1935 wollte man das Gelände in eine Polizeischule umwandeln, doch der Krieg verhinderte das Unternehmen.

1944 wurden das Schloss und weitere Gebäude auf dem Gelände bei Bombenangriffen zerstört. Wegen Baufälligkeit wurde der südliche Teil des Schlosses abgerissen. Hätten die Karlsruher Bürger nicht eine Initiative gegründet, die sich für den Wiederaufbau einsetzte, wären die Reste vermutlich abgerissen worden, wie man es mit dem Hoftheater gemacht hat. Drei Jahre nach ihrer Gründung schlug die Initiative die Staatliche Hochschule für Musik als Nutznießer des Schlosses vor. Mit Erfolg.

Fünfundvierzig Jahre nach seiner Zerstörung strahlt das Schloss in neuem Glanz, wenn auch nicht im ursprünglichen Glanz der Renaissance, aber daran angelehnt. Und

die Musikhochschule hat ein neues Zuhause gefunden.

Nachdem die Hochschule 1989 das Schoss beziehen konnte, wurden einige aus Kasernenzeiten erhaltene Nebengebäude wie der Fuchsbau und der Marstall umgebaut. Hier sind die Verwaltung und das Rektorat untergebracht, im Marstall seit 2000 das Institut für Musiktheater. 1998 wurde der Römerbau mit dreißig Übungsräumen eingeweiht, 2012 das Fany-Solter-Haus mit neuen Unterrichtsräumen. 2009 wurde mit dem Bau von weiteren Gebäuden begonnen, die 2013 feierlich eröffnet wurden: Neue Unterrichtsgebäude, ein Multimediakomplex, der neue Institutsflügel MUT (Musik, Multimedia und Theater) und ein neuer Konzertsaal, das Wolfgang-Rihm-Forum im MUT, bilden zusammen mit den alten Gebäuden den »CampusOne – Schloss Gottesaue«, den neuen Campus der Hochschule für Musik. Wurde Schloss Gottesaue durch den Einzug der Musikhochschule zu einem kulturellen Mittelpunkt der Stadt, strahlt es jetzt durch seine Erweiterung und der dynamischen Entwicklung der Hochschule weit über die Stadt hinaus.

*Über*

# Jaleh Perego

Jaleh Perego, geboren 1983, wuchs in Wien auf und erhielt ihren ersten Geigenunterricht im Alter von drei Jahren. 2000 bis 2006 studierte sie Violine, Komposition und Musiktheorie an der Universität für Musik Wien. 2006 setzte sie ihr Violinstudium an der Musikhochschule Karlsruhe bei Nachum Erlich fort und schloss es 2014 mit summa cum laude ab. Seit 2017 promoviert sie in Musikwissenschaft über den Karlsruher Architekten und Komponisten Richard Fuchs und wird dabei durch ein Stipendium des Ernst-Ludwig-Ehrlich-Studienwerks gefördert. Eine reiche Bühnenerfahrung hat Jaleh Perego bereits in ihrer Kindheit gesammelt. Ihre rege Konzerttätigkeit führte sie durch Europa, die Schweiz, Russland, Israel, Brasilien, Großbritannien und die USA.

Das praktische und theoretische Erforschen des musikalischen Universums bildet ihren Lebensinhalt. Über ihre instrumentalen und wissenschaftlichen Tätigkeiten hinaus überträgt sie, sowohl poetisch als auch zeichnerisch, musikalische Denkstrukturen in Bild und Wort. Dabei lässt sie sich von ihrer Leidenschaft für Kontrapunktik von Johann Sebastian Bach, Gustav Mahler und Max Reger und für die Variationsform in ihren vielfältigen Erscheinungen leiten. Auch ihre Faszination für Rätsel, rekursive Strukturen und Wortspiele spiegelt sich im Universum dieser »Fraktalen Fugen« wider.

ANDREA FÁBIÁN
Heilpraktikerin TCM
BOTANISCHER GARTEN
KARLSRUHE

*Die Ungarin Andrea Fábián lebt seit 1995 in Karlsruhe. In ihrer wenigen Freizeit nutzt sie vor allem das kulturelle Angebot der Stadt. Für eine kleine Pause im Botanischen Garten findet sie immer wieder Zeit.*

# Eine Oase in der Stadt

**Wir sitzen hinter der Jungen Kunsthalle auf einer Bank im Botanischen Garten. Es ist noch früh am Morgen, nur wenige Spaziergänger sind unterwegs. Ein Gärtner gießt in gemächlichem Tempo die Beete, zwei andere versuchen, einen riesigen Pflanzkübel zu bewegen. Immer wieder schlendern zwei Bundespolizisten auf ihrer Patrouille vorbei. Der Garten döst noch ein wenig, so scheint es.**

**Frau Fábián, Sie sind in Budapest geboren und aufgewachsen. Wie lange leben Sie schon in Karlsruhe und wie sind Sie hierher gekommen?**

Ja, ich bin ein richtiges Stadtkind, da ich mitten in Budapest aufgewachsen bin, dort Jura studiert und gearbeitet habe. Während des Studiums habe ich meinen Mann kennengelernt. Als er später eine Stelle in Deutschland bekam, bin ich mit ihm mitgegangen. Es fiel mir sehr schwer, aus Budapest wegzuziehen. In der Lebensphase, in der ich dort lebte, war es für mich eigentlich unvorstellbar, die Stadt zu verlassen: meine große Familie, enge Freunde, sehr viele Bekannte, meine Arbeit. Budapest hat eine große intakte

Altstadt mit prächtigen Gebäuden, die Donau fließt durch die Stadt und man geht auf der Uferpromenade spazieren, setzt sich dort bei Sonnenschein in ein Café und plaudert. Es ist eine ganz andere Lebensqualität als hier. Dann aber kam die Wende und alles veränderte sich, auch die Firma, in der ich arbeitete, wurde privatisiert. Es gab viele Kündigungen. Also dachte ich, warum nicht für eine Weile in Deutschland leben. Der Aufenthalt war eigentlich nur vorübergehend geplant, daraus sind jetzt fast dreißig Jahre geworden. Das war 1991.

**Könnten Sie sich vorstellen, nach so langer Zeit Karlsruhe wieder zu verlassen und woanders zu leben, zum Beispiel wieder in Budapest?**

Ja. Ich bin ein Wandertyp, wie mir das Leben gezeigt hat. Ich kann es mir schon vorstellen, woanders zu leben, auch wieder in Budapest. So lange ich noch arbeite, bleibe ich bestimmt in Karlsruhe. Hier ist zwar so ziemlich alles anders als in Budapest. Budapest ist eine Touristenstadt, Karlsruhe nicht so sehr. Hier ist man unter sich, in Budapest ist es einem mehr oder weniger ständig bewusst, dass man Teil der Kulisse ist. Das zeigte sich damals auch so, dass man penibel auf sein Äußeres achtete, wenn man aus dem Haus ging.

Karlsruhe ist eine gute Stadt zum Wohnen. Von weitem nimmt man Karlsruhe zwar nicht als bedeutende Stadt wahr, dadurch hat sie etwas Geschütztes, etwas Verborgenes. Sie ist nicht zu groß und nicht zu klein, nicht zu gefährlich und nicht zu langweilig. Wichtig für die Lebensqualität sind für mich der Humor der Menschen und das Klima, beides mag ich an Karlsruhe. Die Menschen hier sind offen, sie kommen von überall her, dass ist das Magische an der Stadt. Es bewegt sich hier immer was, auch künstlerisch. Ich habe wenig Freizeit. Wenn ich sie in Karlsruhe verbringe, gehe ich gern ins Staatstheater, die Veranstaltungen im Tollhaus finde ich gut, die Bücherschau mag ich sehr, den Espressoladen in der nördlichen Waldstraße, die Bücherläden, das Café Palaver im Gewerbehof am Lidellplatz und natürlich den Botanischen Garten. Es gibt viele schöne kleine Orte in Karlsruhe.

»Der Baustil der alten Gebäude und Gewächshäuser erinnert mich an *meine Heimatstadt.*«

ANDREA FÁBIÁN

**Weshalb haben Sie sich den Botanischen Garten ausgesucht?**

Für mich ist er eine Oase mitten in der Stadt. Er hat eine bestimmte Atmosphäre, die mich immer wieder hierherzieht. Alles ist so liebevoll gestaltet, es ist schön zu sehen, wie je nach Jahreszeit die Pflanzen ausgetauscht werden. Der Garten ist nicht groß doch vielfältig mit den schönen Bäumen, Wasserbecken und Sitzmöglichkeiten. Der Baustil der alten Gebäude und Gewächshäuser erinnert mich an meine Heimatstadt. Als meine Töchter noch klein waren, ging die ältere in einen Zeichenkurs in der Jungen Kunsthalle. Ich wartete mit der jüngeren Tochter sozusagen hinter der Mauer, hier wo wir jetzt sitzen. Das war für eine Zweijährige ein bisschen langweilig. Damals durfte man den Rasen nicht betreten, schon beim kleinsten Schritt hörte man die Trillerpfeife des Aufsehers. Wir haben dann an den Blumen geschnuppert und sind ein wenig durch den Garten gelaufen. Wenn meine ältere Tochter fertig war, haben wir zusammen hier auf einer der Bänke etwas gegessen. Das ist eine schöne Erinnerung.

7

# BOTANISCHER GARTEN KARLSRUHE

»Auch eine exotische Schönheit von südländischem Reiz schauen wir in der Revue unserer Anlagen: Die Fee des Botanischen Gartens. Verschwenderisch gekleidet, zeigt sie im Frühling, Sommer und Herbst kokett ihre schönsten, hellsten, buntesten Farben. Dann prangt auch wie gelocktes Haar der Blätterwald der herrlichen Trauerbuche zur Erde, daß man sich hineinwühlen möchte, um mit geschlossenen Augen das Verführerischste aller Parfums zu atmen.« Der Schriftsteller und Kulturjournalist Otto Müssle arbeitete in den 1920er Jahren beim »Karlsruher Tagblatt« und nach dem Zweiten Weltkrieg als freier Mitarbeiter der Badischen Neuesten Nachrichten. In seinem Erzählband »Von stillen Winkeln der Stadt. Plaudereien über Karlsruhe« schreibt er auch über den Botanischen Garten.

Die beeindruckende Hängebuche hat im Lauf der Jahre ein wenig gelitten und ist seit letztem Jahr von einem Zaun umgeben, damit ihre Wurzeln geschützt sind. Der uralte Baum ist krank und alles wird getan, ihn zu retten. Er kann bestimmt viele Geschichten erzählen. Wieviele Paare sich unter seinem Blätterdach mit den tiefhängenden Ästen wohl schon heimlich oder auch ganz offiziell getroffen haben?

Lustwandelte der Stadtgründer Karl Wilhelm noch zwischen den beiden Schlossflügeln und frönte seiner Tulpenleidenschaft, ließ sein Enkel Karl Friedrich Anfang des 19. Jahrhunderts im Zuge des Schlossumbaus Lustgarten und Schlosspark in einen englischen Landschaftspark umwandeln. Doch auch er hatte durch den Einfluss seiner Ehefrau Karoline Luise, die mit dem Botaniker Carl von Linné in Kontakt stand, eine Leidenschaft für das Sammeln exotischer Pflanzen entwickelt, was sowieso zum guten Ton in den Fürstenhäusern gehörte. Doch durch ihr Zutun beschäftigte er sich immer mehr mit Botanik und baute eine wissenschaftliche Pflanzensammlung auf.

Bei der Umgestaltung des Schlossgartens und dem Abriss der bestehenden Orangerien beschloss er, einen Botanischen Garten westlich vom Schloss anzulegen. Der Architekt Friedrich Weinbrenner wurde mit der Planung beauftragt, er ist verantwortlich für den ersten Gesamtplan des Gartens. Heinrich Hübsch, sein Schüler und Nachfolger als badischer Baudirektor, wurde in den 1850er Jahren mit der Neugestaltung beauftragt. Nach seinen Plänen entstanden die Orangerie, die Gewächshäuser, der Torbogenbau und der Wintergarten, der heute nur noch ein Gerüst ist. Sowohl die Ornamente als auch die Frauenfiguren, die Karyatiden, die die Eisenträger tragen, erinnern an griechische Tempel.

Hübsch baute auch das neue Hoftheater auf dem Gelände des heutigen Bundesverfassungsgerichts. Das alte, von Weinbrenner an derselben Stelle gebaute, war am 17. Februar 1847 abgebrannt. Drei Monate später wurde Hübsch mit dem Bau eines neuen Theaters beauftragt. Am 17. Mai 1853 wurde es mit einem Festspiel von Eduard Devrient, dem damaligen Intendanten, eingeweiht. Im Zweiten Weltkrieg wurde das Theater zerstört, fast so schwer wie das Schloss. Danach entschied man sich dazu, es nicht wieder aufzubauen, sondern es abzureißen und dem Bundesverfassungsgericht so Platz für einen Neubau zu schaffen. Dies residierte im Prinz-Max-Palais und drohte, wegen Platzmangel nach München überzusiedeln. Das wollte man auf jeden Fall verhindern.

Jedes Mal, wenn ich im Botanischen Garten bin, stelle ich mir vor, wie es wohl wäre, wenn statt des nüchternen Baus hier das alte Hoftheater wiederaufgebaut worden wäre. Wie schön wäre es, abends durch den Garten ins Theater zu spazieren und sich auf ein schönes Konzert oder einen interessanten Theaterabend einzustimmen. Wenn statt der patrouillierenden Polizisten Menschen in Abendgarderobe ihre Runden drehen würden.

Aber auch ohne Theater macht es immer wieder Freude, den Garten zu besuchen. Er ist zwar klein und überschaubar, aber seine Blütenpracht ist wirklich wunderschön, egal zu welcher Jahreszeit. Und im Winter kann man die Stille und Ruhe noch viel mehr genießen, wenn am frühen Morgen eine weiße Schicht Raureif den Rasen und die Nadelbäume bedeckt. Oder wenn im Januar die Blüten der Zaubernuss mit den ersten Schneeglöckchen wetteifern.

Die Gewächshäuser wurden übrigens 2018 nach aufwendiger Sanierung neu eröffnet und nach historischem Vorbild wiederbepflanzt. Auch Kaffeepflanzen wurden hier früher kultiviert. Von der Stuttgarter Wilhelma bekam man einen Ableger einer Kaffeepflanze, und bereits im April 2019 konnten ausgesuchte Gäste den ersten Kaffee probieren, geröstet von der Karlsruher Manufaktur Tostino. Leider ist die Menge an Kaffeebohnen, die man von einem Baum ernten kann, zu gering, als dass man den Kaffee kaufen könnte. Aber immerhin wird damit eine alte Gärtnertradition der Schlossgärtner wiederbelebt.

*Über*

# Andrea Fábián

Die Donau fließt einmal quer durch Europa, vom Schwarzwald ins Schwarze Meer, doch nirgendwo prägt sie so sehr das Stadtbild wie in Budapest: »Die Donau trennt und hält doch zusammen; in ihr gespiegelt vereint sich das unvereinbar Scheinende, erst in ihr werden Buda und Pest zu Budapest«, schreibt der Schriftsteller Franz Führmann. Buda rechts der Donau, hügelig und ruhig, wenn man von den Scharen von Touristen absieht, die im Sommer den Burgberg bevölkern. Pest links der Donau, flach und großstädtisch. Die meisten Ungarn bezeichnen Budapest als Pest, obwohl die Stadt seit 1873 aus drei Teilen besteht: Buda, Pest und Óbuda.

In dieser laut Claudio Magris »schönsten Stadt an der Donau« wurde Andrea Fábián 1964 geboren und ist in Pest aufgewachsen, wo sich ein prachtvolles palastartiges Mietshaus an das andere reiht. Nicht nur die wunderschönen Fassaden aus unterschiedlichen Epochen lohnen den Blick nach oben, auch ein Blick durch ein offenes Hoftor offenbart oft imposante, weitläufige Treppenhäuser und hübsche Umlaufbalkone.

An der Eötvös-Loránd-Universität im V. Bezirk am Egyetem tér, dem Universitätsplatz, der heute mit schönen Cafés zum Verweilen einlädt, hat Andrea Fábián Jura studiert. Schon von außen besticht das Gebäude durch seine zweigeschossige Prunkloggia. In der Universitätsbibliothek, die bis 1802 auch Nationalbibliothek gewesen ist, sitzt man im prächtigen Lesesaal unter einem bemalten Kuppeldach, eine Galerie läuft um den ganzen Saal. Die Rechtswissenschaft ist nach der geisteswissenschaftlichen und theologischen Wissenschaft die älteste Fakultät und wurde 1667 gegründet.

Nach ihrer Promotion 1989 arbeitete Andrea Fábián in Budapest als Juristin, bevor sie 1991 nach Deutschland zog. Schon während ihres Studiums hatte sie intensive Berührung mit der Lebensphilosophie und dem Heilkonzept der Traditionellen Chinesischen Medizin. 1998 entschied sie sich, fünf Jahre Traditionelle Chinesische Medizin in Heidelberg zu studieren und eine Heilpraktikerausbildung in Mannheim zu absolvieren. 2004 gründete sie das Privatinstitut für Chinesische Medizin in Karlsruhe.

# DORIT SCHÄFER

*Kunsthistorikerin*

KUPFERSTICHKABINETT
DER STAATLICHEN
KUNSTHALLE KARLSRUHE

*Für die Kunsthistorikerin Dorit Schäfer hat die Zeit einen besonderen Wert. Zeit, die ein Kunstwerk zur Betrachtung verdient, um seine Schönheit zu würdigen, seine Altersspuren als Zeugen seiner Vergangenheit zu respektieren.*

# Die Schönheit des Alters

*von Dorit Schäfer*

Es knackt und knarzt, wenn ich meinen Karlsruher Lieblingsraum betrete. Es ist schummrig und riecht nach altem Holz und Papier. Luftbefeuchter rauschen im Hintergrund, und die historischen Tresen und Schränke sind warm und freundlich unter meinen Fingern. Mit allen Sinnen versetzt mich der Saal in vergangene Welten, er ist Vergangenheit, die sich erhalten hat. In den Schränken des Karlsruher Kupferstichkabinetts liegen Tausende Zeichnungen, Druckgrafiken und Bücher aus den letzten fünf Jahrhunderten. Und jedes Blatt erzählt seine eigene Geschichte, erzählt von Ländern, ihren Menschen und ihren Geschichten. Von Künstlern, die zeichneten, malten, in Kupfer stachen und ihre Bilder auf Papier druckten. Die Luft mag vielen zu muffig sein – ich mag sie. In ihrer Schwere trägt sie das Gewicht vieler Erzählungen. Einige davon schauen von den Wand- und Deckenmalereien auf mich herab – Herakles, der für Atlas das Himmelsgewölbe trägt, Aphrodite, die über das Meer fährt, Achill, der um Patroklos trauert. Die griechische Götterschar ist bei der Geburt Athenes auf dem Olymp versammelt und will auch heute noch beachtet werden. Aus schwarzem Grund leuchtet sie terrakottafarben hervor

– wie auf den antiken Vasen, die früher einmal in diesem Saal standen und heute im Karlsruher Schloss aufbewahrt werden. Damals war der Besucher umgeben, eingehüllt, wurde Teil der griechischen Mythologie.

Eine alte Tür führt in den modernisierten Bereich: Dort ist alles hell, die Deckenhöhe führt bis in die Korridore der Büros, von denen die Kollegen mir manchmal durch die Fensterscheiben herunterwinken. Die Luft ist kühl, der Raum voll klimatisiert – Strickjacken sind angesagt. Lange Schrankfluchten und große Tresen sind mit Ahorn, Kirsch- und Eichen-Furnier belegt, die Ablageflächen mit grünem Linoleum bedeckt. Hier werden die wertvollsten Objekte der Sammlung aufbewahrt: Zeichnungen von Dürer, Baldung oder Grünewald, von Fragonard, Delacroix oder Degas, von Schirmer, Menzel oder Thoma, von Kirchner, Heckel oder Beckmann. Ganz zu schweigen von den Druckgrafiken! Natürlich wieder Dürer und Baldung, aber auch Rembrandt, Goya oder Daumier … Das Wunderbarste an der Arbeit im Museum ist der Umgang mit den Originalen. Sie pulsieren, wenn ich sie anschaue, sie fangen an zu sprechen. Und sie erzählen viel, wenn man genau hinsieht.

Papierarbeiten sind dabei oft persönlicher als Gemälde oder Skulpturen. Man muss nah an sie heran, um sie genauer kennenzulernen. Und ich darf sie natürlich auch in die Hand nehmen und umdrehen (aber nur, wenn ich meine Hände vorher gewaschen habe oder Handschuhe trage). Unter einer Lupe werden sie noch gesprächiger. Auf ihren Oberflächen zeichnen sich die verwendeten Materialien und Techniken ab – pudrige Kreiden, Tuschepfützen oder Aquatintakorn, aber auch Linien, die ausradiert wurden, oder kleine Einstichlöchlein, in denen Nadeln zur Befestigung steckten. All diese kleinen Spuren sind oft von großer Schönheit, sie wollen entdeckt, untersucht und gezeigt werden. Das ist unsere Aufgabe als Museumskuratoren: Wir sammeln, bewahren, erforschen und stellen aus. In der Kunsthalle kümmern wir uns um die Kunstschätze, die über Jahrhunderte von den badischen Markgrafen und Großherzögen zusammengetragen wurden, in der Karlsburg in Durlach, im Exil in Straßburg und Basel und schließlich im Karlsruher Schloss. Manchmal stelle ich mir vor, wie Markgraf Friedrich V. während des Dreißigjährigen Krieges in Straßburg das Skizzenbuch von Hans Baldung Grien erwarb, langsam durch die vielen Silberstiftzeichnungen blätterte und

*»So viel Welt*, so viel
Kunst, so viel Schönheit
und so viel Geschichte
mitten in Karlsruhe.«

DORIT SCHÄFER

»Jedes Werk wird in seinem einzigartigen Zustand gewürdigt, die Alterungsspuren werden als wertvolle Hinweise auf die *erlebte Geschichte* gesehen.«

DORIT SCHÄFER

sich über seine Neuerwerbung freute. Oder wie er in Basel mit dem Universitätsprofessor Remigius Faesch Werke tauschte und so in den Besitz der aufwühlenden Zeichnung von Grünewald mit Christus am Kreuz kam. Auch die Vorstellung von Karoline Luise im Karlsruher Schloss, die beim Zeichnen unterbrochen wird, weil eine neue Sendung von Kupferstichen der angesagtesten Gemälde in Paris eintrifft, ist verlockend. Mit den wunderbaren Aquarellen von Ernst Fries, die er unter freiem Himmel malte, versetze ich mich nach Italien, mit der kleinen Tänzerin von Degas in die Pariser Oper und mit Karl Hubbuch ins Berlin der Zwanziger Jahre. Und mit den zeitgenössischen Arbeiten, die wir erwerben, öffnet sich ein weiterer Kosmos von eindringlicher Intensität, da man diesen Werken zeitlich so nahe ist, mit ihnen dieselbe Gegenwart teilt.

So viel Welt, so viel Kunst, so viel Schönheit und so viel Geschichte mitten in Karlsruhe. Und so empfindlich, so schutzbedürftig. Papier ist fragil und zäh zugleich. Es vergisst keinen Lichtstrahl und darf nur selten und dann nur zu bestimmten Bedingungen ausgestellt werden: etwa 50 Prozent Luftfeuchtigkeit, 50 Lux, 20 Grad Celsius. Sonst können die Blätter sich deformieren oder verfärben. Sie können knicken, reißen und verbräunen. Deshalb liegen die Zeichnungen und Druckgrafiken sorgfältig geordnet in lichtgeschützten Kassetten. Etwa 100.000 Werke – da muss das Ordnungssystem schon stimmen, wenn man ein einzelnes Blatt finden möchte. Da gibt es Regeln, die eingehalten werden müssen und die meine wunderbaren Kolleginnen aus der Restaurierung und der Depotverwaltung freundlich und entschlossen kontrollieren. Natürlich haben viele Werke ihre Alterungsspuren – Stockflecken, Verfärbungen, Abriebe oder Falten. Papier ist wie unsere Haut, die auch nicht spurlos altert. Manchmal ist dann Kosmetik nötig – in unserem Fall die Papierrestaurierung. Allerdings nur in sehr eingeschränktem und vielfach abgewogenem Maß. Die Ästhetik hat sich in diesem Bereich verändert – heute respektiert man glücklicherweise die individuellen Zeichen des Alters mehr als früher, Unvollkommenheiten werden geschätzt. Es wird nicht mehr so schnell gebleicht, retuschiert oder ergänzt. Jedes Werk wird in seinem einzigartigen Zustand gewürdigt, die Alterungsspuren werden als wertvolle Hinweise auf die erlebte Geschichte gesehen. Die Schönheit des Alters und der

Unvollkommenheit! Ich würde mir wünschen, dass wir die nicht nur in der Kunst, sondern auch im Leben, bei uns selbst mehr empfinden könnten.

Um Kunstwerke anzuschauen, braucht man das, was den Menschen offenbar am wenigsten zur Verfügung steht: Zeit. Aber Zeit zu haben, scheint nicht sehr angesagt zu sein, wird allzu schnell mit Müßiggang gleichgesetzt (wobei ich mich frage, was an Müßiggang so schlecht sein soll). Im digitalen Zeitalter soll die durchschnittliche Aufmerksamkeitsspanne im Internet acht Sekunden betragen, angeblich eine Sekunde weniger als die von Goldfischen. Aber dieser skurrile Vergleich war sicher nur ein Trick, um unsere Aufmerksamkeitsspanne zu verlängern … Vor einem Ausstellungsobjekt bleiben Museumsbesucher vermeintlich nicht länger als zwanzig Sekunden – maximal vierzig Sekunden – stehen. Und auch das nur, wenn dieses Objekt sexy und der erläuternde Text knackig ist. Naja. Ab wann ist denn eine kleine, etwas verbräunte Bleistiftzeichnung oder eine Radierung mit Stockflecken sexy? Und ist Sexiness nicht eher oberflächlich und verflüchtigt sich schnell? Die ganze Tiefgründigkeit, die in einer Radierung von Rembrandt liegt, im samtigen Schwarz seiner dicht schraffierten Nachtszenen oder dem leichten Hauch des melancholischen Lächelns seiner früh verstorbenen Frau, das ist zwar aufregend, berückend, hinreißend, vielleicht auch verführerisch, aber sexy? Finde ich nicht. Um diese Feinheiten wahrzunehmen, braucht es Empathie, Einfühlungsvermögen, tiefe Empfindung, dazu braucht es Menschlichkeit. Und Zeit. Die möchte ich ihnen gern geben, und das verdienen sie, diese fragilen Werke, die wir auch an zukünftige Generationen weiterzugeben verpflichtet sind. Ganz abgesehen von guten konservatorischen Bedingungen. Dafür wird die Kunsthalle in den nächsten Jahren saniert – auch das Kupferstichkabinett wird sich verändern, seine jetzigen Räume vielleicht verlassen müssen. Aber Grünewalds Gekreuzigter wird auch in Zukunft seinen Betrachter zutiefst anrühren, die Landschaften von Fries werden ihn die Luft Italiens spüren lassen, und Hubbuchs Berliner Restaurantszene wird ihm eine Ahnung davon geben, dass die »Goldenen Zwanziger« so golden nicht waren. Die Welt dreht sich weiter, aber einige Dinge können bleiben, jedenfalls eine Zeit lang. Und ich finde dann vielleicht einen neuen Karlsruher Lieblingsraum, auch wenn er nicht mehr knackt und knarzt.

8

## KUPFERSTICHKABINETT

*der Staatlichen Kunsthalle Karlsruhe*

Nach dem Tod seiner kunstsinnigen und gebildeten Gattin Karoline Luise im Jahr 1783 ließ Markgraf Karl Friedrich 1786 erstmals Pläne und Kostenvoranschläge für eine »Zeichenschule« zwischen dem Linkenheimer Tor und der Waldstraße erstellen. Direktor der »Alten Zeichenakademie« war Hofmaler Philipp Jakob Becker (1763–1829), der im April 1812 veranlasste, dass die Karolinische Sammlung aus dem Westflügel des Schlosses, wo die Markgräfin in der Mansarde ihr »Mahlerey Cabinet« eingerichtet hatte, in die Akademie überführt wurde. In vier Sälen wurde die Sammlung mit ihren 205 Bildern untergebracht. Auf den Kunstverstand der Markgräfin geht letztendlich die »Staatliche Kunsthalle Karlsruhe« zurück.

In zwei weiteren Räumen der »Zeichenakademie« war das Kupferstichkabinett untergebracht, deren Wände mit Gemälden aus Basel und römischen Veduten geschmückt waren. Auch eine Kupferstichwerkstatt wurde eingerichtet. Bereits im 17. Jahrhundert hatten die Markgrafen Grafiken gesammelt, auch in der Sammlung von Markgräfin Karoline Luise befanden sich Zeichnungen und Kupferstiche.

Großherzog Leopold beschloss 1837 eine Erweiterung des Akademiegebäudes. Der Maler und Grafiker Carl Ludwig Frommel (1789–1863), Schüler und Nachfolger von Galeriedirektor Becker, hatte sich für die Gründung und den Bau der Kunsthalle eingesetzt. Den Auftrag bekam der Architekt und großherzoglich badische Baubeamte Heinrich Hübsch. Er plante ein vierflügeliges Gebäude um einen etwa rechteckigen Hof. Zunächst konnte jedoch aus Kostengründen nur ein Teil des Bauwerks verwirklicht werden, und so wurde im Juni 1845 der erste von vier Flügeln, der Hübsch-Flügel, den er an die bestehende Zeichenakademie anbaute, fertig gestellt. Am 1. Mai 1846 wurde die Großherzogliche Kunsthalle eröffnet. Sie gehört damit zu den ältesten Museumsbauten Deutschlands. In den Räumen des Erdgeschosses waren Skulpturen, Ornamente, Vasen und Gipsabgüsse aufgestellt, in den oberen Räumen befanden sich sechs Kabinette für Gemälde und Kupferstiche. Das imposante Foyer mit seinen acht monumentalen Sandsteinsäulen begeistert mich jedes Mal beim Betreten der Kunsthalle.

Carl Ludwig Frommel war es auch, der die Bestände des Kupfer-

stichkabinetts ordnete, die Aufbewahrung und Systematik der Kunstwerke festlegte. In seiner Zeit wurden die geräumigen Kästen aus Mahagoni mit Glastüren zur Aufbewahrung angeschafft, in denen noch heute Teile der Sammlung lagern und die im Philostratensaal stehen. Frommel war es auch, der die Blätter in Portefeuilles aufbewahren ließ, die noch heute erhalten sind.

Als 1896 der östliche Flügel der Kunsthalle von Josef Durm (1837–1919) fertiggestellt worden war, wurde die Kupferstichsammlung in einem langen schmalen Raum im Obergeschoss des zur Waldstraße gelegenen Gebäudeteils untergebracht, in direkter Nachbarschaft zu den Werken von Anselm Feuerbach und Gustav Schönleber.

Willy Storck (1889–1927) rückte das Kupferstichkabinett etwas mehr in den Vordergrund und ließ den Bestand neu ordnen. Storck wollte die Kunstwerke aufhängen und nicht in den Schaukästen ausstellen: »Der reiche und vielgestaltige Inhalt einer grafischen Sammlung sollte immer in Bewegung sein, damit nicht der Eindruck entsteht, als versänken die Schätze im Staub der Kästen.«

Auch der abgelegene Standort im Durm-Flügel gefiel ihm nicht. Ihm schwebte eine Art kunstwissenschaftliches Institut vor, für dessen Umsetzung er den Kunsthistoriker und Musikwissenschaftler Hans Curjel (1898–1974) engagierte, Sohn des Architekten Robert Curjel, der 1888 mit Karl Moser die Karlsruher Architektengemeinschaft »Curjel & Moser« gründete.

1921 zog das Kupferstichkabinett in den Nordwestsaal im Erdgeschoss um. Außerdem wurde ein Studien-

saal eingerichtet, der gemeinsam mit der Kunstbibliothek genutzt werden konnte. Curjels Nachfolger Arthur von Schneider (1886–1968) machte es sich dann zur Aufgabe, die Bestände systematisch neu zu ordnen, nach dem Vorbild der grafischen Sammlungen in München und Berlin.

1930 bekam das Kabinett einen neuen Ausstellungssaal, den Philostratensaal im Erdgeschoss des Hübsch-Flügels. Der österreichische Maler Moritz von Schwind (1804–1871), lebte und arbeitete von 1840 bis 1844 in Karlsruhe und hatte schon das große Wandbild in der Eingangshalle gemalt. Außerdem war er auch mit der Auszierung der vier Säle im Erdgeschoß beauftragt worden, wovon der erste der Philostratensaal ist. Die gefederte aus sechs flachen Kuppelgewölben bestehende Decke wird von zwei Marmorsäulen gestützt. Schwind ließ sich von Goethes Auseinandersetzung mit den »Eikones« des griechischen Sophisten Philostrat inspirieren und bemalte die Decken und Wände nach diesen Motiven wie bei griechischen Vasen: die Figuren in tonrot auf schwarzem Grund. Er wollte ein »einheitliches Bild menschlichen Lebens von der Entstehung bis zur Starre des Todes wiedergeben«, so Schwind. Die fiktive Rahmenhandlung für sein Werk bildet ein Museumsbesuch am Golf von Neapel, eine Hommage an seinen Gönner Goethe, der ihn für eine seiner Illustrationen in den höchsten Tönen gelobt hatte.

Im Zweiten Weltkrieg wurde die Sammlung ausgelagert und die Arbeit im Kupferstichkabinett jäh unterbrochen. Die wertvollsten Bestände lagerten in Pfullendorf.

1942 wurden die im Luftschutzkeller gelagerten Papiere ins Schloss Bauschlott bei Pforzheim gebracht, schließlich befanden sich am Ende des Kriegs die größten Teile des Kabinetts in den Salinen Friedrichshall und Heilbronn. Das Mobiliar überlebte den Krieg im Benediktinerkloster St. Trudbert im Südschwarzwald.

Auch der Philostratensaal wurde vom Krieg einigermaßen verschont. Das Kupferstichkabinett zog dort wieder ein und blieb bis Mitte der 1980er Jahre.

Die anderen Gebäudeteile hatten weniger Glück. Das Gebäude der ehemaligen »Zeichenakadamie« war nach dem Krieg total zerstört und bis auf die Außenmauern in Höhe des ersten Geschosses eingestürzt. Der Durm-Flügel war im Innern bis auf die Erdgeschossböden zerstört, nur die Fassade war intakt geblieben. Dem Hübsch-Flügel fehlte das Dach. Das Hans-Thoma-Museum im von 1907 bis 1909 errichteten dritten Flügel der Kunsthalle, dem Amersbach-Flügel, war am wenigsten betroffen.

1951 wurde die Kunsthalle mit drei renovierten Flügeln wiedereröffnet. An der Stelle der Zeichenakademie, die abgerissen worden war, befindet sich heute der neue vierte Flügel, ein Neubau von Hans Mohl, in den 1985 die Magazinierung und Organisation des Kupferstichkabinetts einzog. Sie kehrte damit an ihren ersten Ort zurück, den ihr Hofmaler Becker in der ehemaligen »Zeichenakademie« zugedacht hatte. Vom Philostratensaal, in dem wieder die historischen Schränke von Frommel stehen, gibt es einen Zugang in die neuen heiligen Hallen, die für die Öffentlichkeit nicht zugänglich sind. Dieser Sicherheitsbereich des Kupferstichkabinetts sollte unbedingt im Verborgenen bleiben.

Der Philostratensaal mit seinem original erhaltenen Holzfußboden, der wunderbar knarrt, wurde zunächst als Studiensaal für Mitarbeiter und Besucher des Kabinetts genutzt. Anfang der 1990er Jahre wurde er geöffnet, weil die erhaltenen Wandmalereien und historischen Schränke einfach zu schön sind, um sie den Besuchern zu verschließen. Seit er 1997 zusätzlich mit Pultvitrinen ausgestattet wurde, ist er nicht nur Magazin- und Studien-, sondern auch Ausstellungsraum.

*Über*

# Dorit Schäfer

»Ich mag das Licht in dieser Stadt, das hell und freundlich ist und für mich irgendwie den Geist der Aufklärung in sich trägt. Ich liebe den Botanischen Garten und den Schlosspark mit seinem wunderbaren Baumbewuchs. Großartig finde ich die Konzentration an Kulturinstitutionen auf höchstem Niveau: neben der Kunsthalle das Badische Landesmuseum, das ZKM, die Städtische Galerie, die Literarische Gesellschaft im Prinz-Max-Palais, die Badische Landesbibliothek, das Staatstheater, die Musikhochschule.«

Für die Kunsthistorikerin Dorit Schäfer ist Karlsruhe die Stadt, in der sie arbeitet, aber nicht lebt. Sie ist 1966 in Kiel geboren und aufgewachsen. Als Norddeutsche muss sie über den melodiösen und langsamen Dialekt, den die Karlsruher sprechen, das »Brigandedeutsch«, immer wieder liebevoll schmunzeln. Es nimmt eine besondere Stellung in den deutschen Dialekten ein. Um Karlsruhe befinden sich einige Sprachgrenzen. Im Norden in Richtung Mannheim/Heidelberg läuft die Sprachgrenze zwischen Oberdeutsch und Mitteldeutsch. Im Süden befindet sich die Grenze zwischen Alemannisch und Fränkisch. In Karlsruhe wird das einzige oberdeutsche Fränkisch gesprochen.

In London und Heidelberg, wo Dorit Schäfer immer noch wohnt, hat sie Kunstgeschichte, Klassische Archäologie und französische Literatur studiert. 1998 promovierte sie über den Ortenberger Altar, der heute im Hessischen Landesmuseum in Darmstadt steht. Seit 1998 arbeitet sie in der Staatlichen Kunsthalle Karlsruhe, wo sie 2003 die Leitung des Kupferstichkabinetts übernommen hat. Ihre Arbeitsschwerpunkte liegen in der französischen Kunst des 18. bis 20. Jahrhunderts und in der zeitgenössischen Zeichnung und Druckgrafik. Sie war Kuratorin und Kokuratorin zahlreicher Ausstellungen: »Camille Corot – Natur und Traum« 2012/2013, »Ich bin hier! Von Rembrandt zum Selfie« 2015/2016 oder »Sehen Denken Träumen. Französische Zeichnungen aus der Staatlichen Kunsthalle« 2018/2019.

# ANNETTE BORCHARDT-WENZEL

*Journalistin und Autorin*

BADISCHES LANDESMUSEUM

*Die Ressortleiterin von DER SONNTAG, herausgegeben von den Badischen Neuesten Nachrichten, und Buchautorin zieht es immer wieder ins Badische Landesmuseum. Dort holt sie sich nicht nur Inspiration und Informationen für ihre Bücher, sondern genießt auch immer wieder den Ausblick vom Schlossturm.*

# Bewegung im Schloss

*von Annette Borchardt-Wenzel*

165 Stufen bis zur Aussichtsplattform auf dem Schlossturm. Ich steige sie gern hoch, wenn ich das Badische Landesmuseum besuche. Nicht immer, aber häufig. Und nein – das ist nicht mein »Power Workout«, wie jüngst jemand vermutet hat. Ich mag einfach, was mich oben erwartet.

Der Turm ist die »Keimzelle« Karlsruhes. Hier hat Karl Wilhelm von Baden-Durlach 1715 den Grundstein für seine neue Residenz gelegt. 32 Schneisen ließ der Markgraf in den Hardtwald hauen, um sein Schloss inmitten eines Wegesterns zu platzieren. Von oben hatte er alles im Blick: sein Jagdrevier, seinen Garten und seine in neun Strahlenstraßen angelegte Fächerstadt. Karlsruhes Gründer war ein Ästhet. Und ein Kontrollfreak. Noch lange nach seinem Tod erkannte ein Reisender aus Schottland die »Big-brother«-Qualitäten des Stadtgrundrisses. Vom Turm aus, so sinnierte er, könne der Landesherr seine Untertanen auf Schritt und Tritt überwachen – »und wenn einer Blähungen bekommen sollte, müsste er dafür die Stadt verlassen.«

Damit ist es vorbei. Aus der beschaulichen badischen Residenzstadt ist eine Großstadt geworden. Und doch sind aus 42 Metern Höhe die Anfänge

»Die Atmosphäre, die ich für meine Bücher, Aufsätze und Artikel einfangen möchte, verströmen die Objekte nur *im Original.*«

ANNETTE BORCHARDT-WENZEL

Karlsruhes als barocke Planstadt unübersehbar. Gegenwart und Vergangenheit fließen ineinander. Das fasziniert mich als Journalistin und Historikerin gleichermaßen. Der Blick schweift über Bauwerke, die unverwechselbar für Karlsruhe stehen. Die Pyramide etwa und das Bundesverfassungsgericht. Das Wildparkstadion und die großherzogliche Grabkapelle. Und die Landschaft um sie herum: Der Schwarzwald, die Vogesen, die Pfälzer Berge grüßen aus der Ferne. An den Kühltürmen des Kernkraftwerks Philippsburg, die rund 30 Kilometer nördlich 150 Meter hoch aus der Rheinebene ragen, bleibt das Auge hängen. Die Tage der Kolosse sind gezählt. Die vergleichsweise kurze Ära der Atomkraft endet. Hier oben ist alles Momentaufnahme.

Unten, im Badischen Landesmuseum, wird die Vergangenheit bewahrt und für die Gegenwart zum Sprechen gebracht. Für mich ist das Museum ein Ort der Inspiration. Viele Stunden habe ich hier schon verbracht, insbesondere, wenn ich für meine Bücher recherchierte. Vor allem die Biografien wären sicher anders, verkopfter, geworden, hätte ich beim Schreiben nicht Objekte aus dem Landesmuseum vor Augen gehabt. Die Ausstellungen »Schloss und Hof« sowie »Baden und Europa« sind wahre Fundgruben für mich.

Natürlich können Möbel, Porzellan und Gläser so wenig »die ganze Geschichte« einer Epoche erzählen wie Waffen, Handwerkszeug oder Bollenhüte. Aber an den Objekten hängen oft wundersame Geschichten, die einen bezeichnenden Blick auf die Zeit ihres Entstehens werfen. Und natürlich darf man Gemälden nicht blind vertrauen. Gerade Porträts, die Fürsten, ihre Gemahlinnen, ihre Söhne und Töchter zeigen, wurden geschaffen, um eine bestimmte Wirkung zu erzeugen. Das sagt ebenfalls viel aus über die Menschen, ihr Selbstverständnis und die Zwänge, denen sie unterworfen waren.

Muss man ins Museum gehen, um solche Erfahrungen zu machen? Viele der Bildnisse, die im Landesmuseum ausgestellt sind, findet man auch in Büchern oder in Katalogen. Im Internet sowieso. Das Museum selbst arbeitet kräftig daran, sein digitales Angebot auszubauen. Ich weiß das zu schätzen, es erleichtert mir die Arbeit. Trotzdem: Die Atmosphäre, die ich für meine Bücher, Aufsätze und Artikel einfangen möchte, verströmen die Objekte nur im Original.

Das Badische Landesmuseum kenne ich seit Kindertagen. Sein ganz großer Fan war ich als kleines Mädchen nicht. Zwar fand ich schon damals den Anblick des Schlosses toll, das nach dem Zweiten Weltkrieg Mitte der 1960er Jahre wieder vollständig aufgebaut war. Aber dass der detailgetreu rekonstruierte Außenbau modern-funktionale Innenräume barg, wie sie weiter nicht von den barocken Ursprüngen entfernt sein könnten – das enttäuschte das Schulkind schon. So wie es mir lange ein Rätsel war, warum ein Badisches Landesmuseum Vasen und Statuen aus dem Mittelmeerraum zeigt. Es dauerte einige Zeit, bis mir klar wurde, dass die Objekte aus Mesopotamien und Ägypten, aus Griechenland, Rom und Byzanz doch irgendwie »badisch« sind. Denn es waren Markgrafen und Großherzöge von Baden, die – getrieben von einer ausgeprägten Sammelleidenschaft – den Grundstein für die Antikenschau legten.

Als Journalistin habe ich über viele Sonderausstellungen des Landesmuseums berichtet. Und ich habe die sukzessive Neureinrichtung seiner Dauerabteilungen und die sich verändernden Arten der Präsentation hautnah verfolgen können. Überzeugend fand (und finde) ich das Konzept, die Kultur Badens im Dialog mit Zeugnissen aus Europa und der ganzen Welt zu präsentieren. Ihren Höhepunkt fand diese Entwicklung mit der Abteilung »WeltKultur/GlobalCulture«. Das war die letzte Dauerausstellung, die in der Ära von Harald Siebenmorgen entstand. Die Schau, im Jahr vor Beginn der sogenannten »Flüchtlingskrise« eröffnet, zeigt, dass im Fremden oft viel Eigenes steckt. Und im Eigenen oft verblüffend viel Fremdes.

Kürzlich habe ich wieder einmal Karl Wilhelm einen Besuch abgestattet. Nicht dem jungen, kraftvollen Markgrafen, der auf dem Gemälde von Johann Ludwig Kisling verewigt ist. Sondern der Thermoplast-Figur, die das Landesmuseum zur Karl-Wilhelm-Ausstellung anlässlich des 300. Stadtgeburtstags anfertigen ließ. Sie zeigt einen alternden, übergewichtigen Fürsten, der unter Verdauungsbeschwerden leidet – so jedenfalls legen es die Quellen nahe, an denen sich die Gestalter der Figur orientierten. Unter seiner Allonge-Perücke schaut Karl Wilhelm melancholisch, aber sehr wach auf das Volk, das sich in seinem Haus tummelt. »Hallo, alter Schwerenöter«, begrüßte ich ihn in einem stummen Gespräch. »Es ist wirklich immer Bewegung in deinem Schloss, in deiner Stadt und in Baden.« Er hat nicht widersprochen.

9

# BADISCHES LANDESMUSEUM

1873 ließ der badische Großherzog Friedrich I. am Friedrichsplatz ein großes Sammlungsgebäude bauen, das heutige Naturkundemuseum, in dem die Sammlung für Altertums- und Völkerkunde untergebracht war, zusammen mit der Bibliothek war auch sie öffentlich zugänglich. 1890 wurde das Kunstgewerbemuseum im Lichthof der Kunstgewerbeschule in der heutigen Reinhold-Frank-Straße 81 eröffnet.

Als Friedrich II. 1919 abdanken musste, wurden sie zusammengelegt und kamen ins Schloss, das vom badischen Staat übernommen worden war. Am 24. Juli 1921 wurde das Badische Landesmuseum dann offiziell eröffnet.

Das Museum umfasst archäologische und kulturhistorische Sammlungen, darunter die bedeutendste Antikensammlung Baden-Württembergs und die »Türkenbeute« des

Markgrafen Ludwig Wilhelm, die er und andere Mitglieder der badischen Häuser 1691 aus den Türkenkriegen mitgebracht hatten. Eine volkskundliche Abteilung und das Münzkabinett sind seit 1936 zu besichtigen.

Drei Monate nach Beginn des Zweiten Weltkriegs wurde das Museum geschlossen.

Am 27. September 1944 brannte das Schloss nach einem Luftangriff bis auf die Grundmauern nieder: »Ein leeres Skelett, von dem die Außenmauern das Einzige waren, was noch dastand. Zerfetzte Dächer, gesplitterte Fußbodenbalken, Treppenteile, die sinnlos in der Luft hingen, eingestürzte Wände, geschwärzte Fensterbögen. Die Geländer waren wie im Wahnsinn erstarrt, eiserne Träger zu Korkenziehern verdreht, ein vergoldeter Adler baumelte ziellos von der Decke.« So beschreibt Prinz Carl Ludwig Wilhelm den Zustand der Familienresidenz seiner Mutter Viktoria von Schweden. Die Bestände überlebten den Zweiten Weltkrieg unbeschadet im Gefängnis Pfullendorf, in den Schlössern Salem, Langenstein und Baden-Baden und im Salzbergwerk Heilbronn. Im Juni 1945 kehrten die nach Neuhausen

bei Pforzheim evakuierten Mitarbeiter des Museums zurück, und die ausgelagerten Bestände wurden nach Karlsruhe zurückgebracht. Zunächst wurde das Museum im Erbgroßherzoglichen Palais untergebracht, es musste aber schon bald dem Bundesgerichtshof weichen. Eine provisorische Unterkunft ohne Ausstellungsräume wurde die Telegraphenkaserne in der Hertzstraße.

Zum Glück beschloss man, das Schloss wieder aufzubauen. Der Schlossturm wurde zwischen 1952 und 1954 als erstes wieder errichtet. Die Mühe des Aufstiegs lohnt sich, denn da Karlsruhe außer dem Turmberg keine nennenswerte Erhebung besitzt, hat man von seiner Aussichtsterrasse einen einzigartigen Blick auf die Stadt, wie es auch schon Ende des 18. Jahrhunderts Friedrich Leopold Brunn aufgefallen ist: »Doch ich muß hier noch des Schloßthurmes, den ich schon oben als Centrum der Stadt angeführt habe, besonders erwähnen, weil man auf demselben der schönsten Aussicht genießt, die nur irgendwo zu finden ist. Man sieht von demselben nicht nur die neun Straßen der Stadt, sondern auch in die daran liegenden Schloßgärten und die drey und zwanzig Alleen des Hardtwaldes.«

Ich besteige bei unserem Treffen mit Annette Borchardt-Wenzel zum ersten Mal den Schlossturm und bin erstaunt, wie anders ich von hier oben die Stadt wahrnehme. Sie besteht nicht mehr aus einzelnen Teilen, sondern ist ein großes harmonisches Ganzes mit viel Grün. Der Blick reicht außerdem weit über die Stadt hinaus, und es wirkt, als sei sie wunderbar harmonisch in diese große Landschaft eingebettet, als habe sie keine Grenzen, sondern wäre eins mit der Natur um sie herum.

1959 fand im rekonstruierten Mitteltrakt des Schlosses eine erste Ausstellung des Landesmuseums statt, 1965 wurde eines der ersten Museumscafés Deutschlands, das Schlosscafé, eröffnet. 1966 konnte das Museum im vollständig wiederaufgebauten Schloss feierlich eröffnet werden.

Im Badischen Landesmuseum sind 50.000 Jahre Menschheitsgeschichte versammelt, über einhunderttausend Exponate von der Steinzeit bis in die Gegenwart.

In den letzten hundert Jahren hat sich das Museum stets gewandelt, vor allem in der Art der Präsentation, die immer wieder modernisiert und den sich wandelnden Bedürfnissen angepaßt wurde.

Seit 2014 ist Eckart Köhne Direktor des Hauses und nutzt modernste, auch digitale Technik zur Präsentation der Bestände. Das analoge Museumserlebnis bekommt mit der Dauerausstellung »Archäologie in Baden – Expothek« eine neue, deutschlandweit einmalige Dimension: Man kann sich – wie in einem Archiv – Objekte zur Ansicht bestellen. Und bei einigen Exponaten ist sogar Anfassen erlaubt.

*Über*

# Annette Borchardt-Wenzel

»An Baden, im klassischen Gebiet der deutschen Kleinstaaterei entstanden, fasziniert mich vor allem die Vielfalt. Der Zersplitterung in der Vergangenheit haben wir eine Kulturdichte zu verdanken, die ihresgleichen sucht. Fantastisch ist die Vielzahl der in Baden gepflegten Traditionen, der Landschaften und Naturräume. Egal, wohin ich in Baden komme – überall gibt es etwas Neues zu entdecken, was ich so noch nicht kannte. Langweilig wird es in Baden nie.«

Das besondere Interesse der Historikerin, Journalistin und Autorin historischer Sachbücher gilt der Geschichte ihrer Heimat, der sie fast immer treu geblieben ist.

1962 in Bruchsal geboren, wuchs Annette Borchardt-Wenzel in Tauberbischofsheim und Karlsruhe auf. In Mannheim studierte sie Geschichte und Deutsch, seit 1987 arbeitet sie bei den Badischen Neuesten Nachrichten in Karlsruhe, wo sie heute die Redaktion der Wochenzeitung »Der Sonntag« leitet.

In zahlreichen Aufsätzen und in ihren Büchern widmet sie sich vor allem regionalen Themen, wie der Geschichte Badens und seiner Menschen. Sie schrieb unter anderem Bücher über den Stadtgründer Karl Wilhelm und seinen Traum von Karlsruhe, über seinen Enkel Karl Friedrich, der schon zu Lebzeiten als »Deutschlands bester Fürst« eine Legende war, und auch über die Frauen am badischen Hof. Im letzten Jahr erschien ihr Buch über »Frauen in Baden. Ein biographischer Streifzug durch die Geschichte«. Ein interessanter, unterhaltsamer Streifzug durch 900 Jahre badische Geschichte, auf dem man Frauen aller Schichten begegnet.

2012 bekam sie die Auszeichnung »Badener des Jahres« »für besondere Verdienste am Badnerland« verliehen. Das Badische Landesmuseum erhielt die Auszeichnung 2019.

# ROMY RIES

*ROMY RIES Concept Store*

## TASCA DO JOSÉ

PRÍNCIPE REAL
BAIRRO ALTO
CASTELO
CHIADO
CAIS DO SODRÉ
ESTRELA

JP

*In ihrem Concept Store hat sich Romy Ries zwar auf skandinavisches Wohnen und Einrichten spezialisiert, doch ihr Konzept vom Slow Living – Entschleunigtes Wohnen und ein von Achtsamkeit geprägter Wohnstil – hat auch portugiesische Einflüsse. Schon seit vielen Jahren reist sie regelmäßig nach Portugal, vor allem an die Stadt Porto hat sie ihr Herz verloren.*

# Obrigado!

*von Romy Ries*

Porto ist wie eine kleine Schwester von Lissabon und wird manchmal ganz schön unterschätzt. Vollkommen zu Unrecht, wie ich finde. Porto ist eine typische »zu Fuß geh«-Stadt, denn sie ist sehr hügelig und verwinkelt und vor allem am Wasser. Wenn man durch die Straßen und Gassen der von der UNESCO zum Weltkulturerbe erklärten Altstadt schlendert, kommt man nicht drumrum, die vielen wunderschönen Fassaden zu bewundern. Es ist die Atmosphäre dieser Häuser mit dem bröckelnden Putz und so manchem schiefen Fensterladen, die jeden Besucher in kurzer Zeit in ihren Bann zieht. Portweinkeller, ein künstlerischer Bahnhof, freundliche Menschen, viel Fisch und beim Espresso auf der Straße oft melancholischer Fado.

2010 bin ich zum ersten Mal nach Porto gereist. Portugal ist ein Land voller Lebenslust, Vielseitigkeit, wilder Schönheit und dem Fado.

Das Hinterland des Douro mit seinen tollen Weinanbaugebieten am Fluss, die herrschaftlichen Quintas, wundervolle Begegnungen, kulinarische Highlights, atemberaubende Sonnenuntergänge und, und, und, … wer einmal in Portugal war, kommt einfach immer wieder zurück.

Ob ein Städtetrip in die Hauptstadt Lissabon, nach Porto oder an die Algarve mit den schönsten Stränden.

Ich habe mich in das Land, die Menschen verliebt.

Ich habe aufgehört zu zählen, wie oft ich da war. Viele Male war ich nur über das Wochenende in Porto. Daraus hat sich auch eine Freundschaft mit dem Besitzer eines Slowfood Restaurants ergeben. Es war immer ein Gefühl von Vertrautheit, Ankommen und Auftanken.

Jetzt habe ich das große Glück durch das portugiesische Restaurant Tasca do José, in zehn Minuten mit dem Rad von der Weststadt in die Waldstraße, und werde entführt.

José hat hier einen ganz besonderen Platz geschaffen – uns verbindet die Leidenschaft der Authentizität, die Wertschätzung zu unseren Produkten und einen Ort der Begegnung zu schaffen. Die Einrichtung ist so liebevoll portugiesisch ausgewählt und zieht sich bis zum Geschirr und der Dekoration hin. José hat dafür ein sehr feines Gespür, das ich von mir im Laden ebenso kenne, bei mir nordisch hyggelig. Obrigado!

10

# TASCA DO JOSÉ

*in der Waldstraße*

»Eine Tasca ist in Portugal ein kleines, volkstümliches Taverne, in der man außer Getränken auch einfache Speisen bekommt. Sie muss man sich als die portugiesische Version eines Wirtshauses oder einer Eckkneipe vorstellen. Kein Chi-Chi und elaborierte Kompositionen, stattdessen einfaches Interieur als auch solide und günstige Hausmannskost. Beliebt als Orte, wo Nachbarn und Stammgäste sich treffen. Mitten im Leben also, das Gegenteil eines auf Gourmets und Touristen ausgerichteten Lokals.«

So beschreibt José Gregório de Mendonça Vasconcelos sein gemütliches und farbenfrohes Lokal in einem wunderschönen alten Haus mit hohen Atelierfenstern und einem idyllischen Innenhof in der südlichen Waldstraße. Wenn man den petrolfarbenen Vorhang hinter der Eingangstür zur Seite geschoben hat und die Tasca betritt, befindet man sich in einer unkonventionellen und bunten Welt und wird durch die Farben und die Art der Einrichtung sofort nach Portugal versetzt. Die Stühle sind alle unterschiedlich, die Teller, die Kissen, kein Teil gleicht dem anderen. Trotzdem ergibt sich ein harmonisches Gesamtbild und man fühlt sich sofort wohl. An den Wänden hängen portugiesische Plakate, ein türkisfarbener Heiliger Antonius beschützt den Raum mit seinen Mitarbeitern und Gästen, Kunstwerke des kubanischen Künstlers Pavel Miguel haben ein vorübergehendes Zuhause in der Tasca gefunden: Im Innenhof steht eine übergroße Garnelenskulptur aus Fiberglas. Auch wenn das Lokal ein öffentlicher Raum ist, zeigt José hier doch all das, was ihm wichtig ist und seiner Lebensart entspricht, ohne das er sich aufdrängen würde. Als wäre man Gast bei ihm zu Hause. Und so begrüßt er auch alle und schenkt jedem gleich viel Aufmerksamkeit, egal wie viele es sind.

José lebt seit über 20 Jahren in Deutschland und das mehr oder weniger zufällig – wenn man an Zufälle glaubt. Er wollte die Welt kennenlernen, hat sich auch schon immer für Sprachen interessiert und so kam er durch einen Freund nach Deutschland. Eigentlich mit der Idee, nur vorübergehend hier zu bleiben und dann weiterzureisen. Doch es kam anders. In Bielefeld machte er eine Ausbildung zum Restaurantfachmann. Mit Ende zwanzig zog er mit seinem Lebenspartner nach Karlsruhe: »Ich habe schon immer von einem eigenen Restaurant geträumt, doch damals war der Markt in Karlsruhe noch nicht bereit für ein portugiesisches Restaurant.« Also hat er erst einmal gejobbt, bis die Zeit reif war, und dann 2012 sein erstes Restaurant in der Kriegsstraße eröffnet, das »Casa do José«: »Wenn ich von diesem Projekt am Anfang geträumt habe, war es mir klar, dass ich viel mehr als ein Lokal mit portugiesischer Küche eröffnen wollte. Meine Gäste sollten sich wie zu Hause fühlen, oder zumindest wie in einem portugiesischen Haus! Deswegen ließ ich mich von Amália Rodrigues und von ihrem Lied »Casa Portuguesa« inspirieren, und benannte das Projekt Casa do José.«

Uns verbindet die Leidenschaft für *Authentizität.*

ROMY RIES

*Über*

# Romy Ries

Romy Ries, Jahrgang 1958, gebürtige Heidelbergerin mit ungarischen Wurzeln, lebt eigentlich erst seit 2015 in Karlsruhe, ist aber schon seit 2003 mit der Stadt verbunden.

Bevor sie ihren Laden ROMY RIES Concept Store in der Karlsruher Weststadt 2012 eröffnete, lebte sie in Mannheim und war im Messe- und Eventmanagement und in der Innenarchitektur tätig. Bis 2002 arbeitete sie in einer Fullservice Agentur für Markenkommunikation in der Projektleitung und Geschäftsführung im Angestelltenverhältnis, danach war sie selbständig und freiberuflich tätig.

Im März 2012 ging ihr Traum vom eigenen Laden in Erfüllung. Immer wieder hatte sie Räumlichkeiten für ein eigenes Geschäft gesucht, in Mannheim, in Heidelberg, bis sie feststellte: »Die Karlsruher brauchen mich, sie wissen es nur noch nicht.« Es lag aber vor allem an den Räumen in einem wunderschönen alten Jugendstilhaus, in die sie sich verliebt hatte. Seitdem ist ihr Concept Store eine Bereicherung für die Weststadt und ein Ort der Begegnungen: »Mein Ladenkonzept WOHNEN. SCHENKEN. GENIESSEN., und das fair und nachhaltig, beinhaltet neben der Einrichtung und Beratung auch besondere Accessoires. Bei der Eröffnung war mir sofort klar, dass auch Produkte aus Portugal in meinen Concept Store gehören: Wein, Olivenöl, Sardinen, Seifen …«. Ein vielfältiges Veranstaltungsprogramm rundet das Konzept der engagierten Ladeninhaberin ab.

# ULI FABRY

*Modedesignerin*

## SONNENBAD

Sparkasse

*Noch vor den offiziellen Öffnungszeiten treffen wir uns mit der Modedesignerin Uli Fabry vor dem Sonnenbad am Rheinhafen. Sie ist mit dem Motorrad gekommen und seit Jahren jeden Tag zum Schwimmen hier.*

# Schwimmen ist Meditation

Es ist verhältnismäßig frisch an diesem frühen Hochsommermorgen, nur knapp 20 Grad zeigt das Thermometer, die Wassertemperatur 26 Grad. Nebelschwaden ziehen vom Rheinhafen über das Bad und zaubern eine leicht gespenstische Atmosphäre. Der hohe Kamin des benachbarten Heizkraftwerks verschwindet für einen Moment darin, es wird ganz still, als ob der Industrielärm um uns herum die Luft anhalten würde. Vor neun Uhr dürfen nur ausgesuchte Gäste zum Schwimmen kommen, zum Beispiel die Berufs-Feuerwehr oder der Vorstand des Freundeskreises. So ist noch wenig los im Wasser. Nur ein paar Männer schwimmen ruhig ihre Bahnen. Eine Minute nach neun füllt sich das Bad schlagartig und es herrscht reges Treiben. Sofort ist es mit der Ruhe vorbei. Eilig, schon vorbereitet mit dem Badeanzug oder der Badehose unter der Kleidung rennen Menschen jeden Alters herein und in Rekordzeit füllt sich das Becken. Ein paar andere kommen mit der halben Wohnungseinrichtung und richten sich ihr Lager für den Rest des Tages am Rand des Schwimmbeckens ein. Man kennt sich, macht ein paar flotte Sprüche, vermutlich sind es jeden Morgen dieselben Schwimmerinnen und Schwimmer. So langsam setzt sich auch die Sonne gegen den Nebel durch und es wird sofort wärmer.

**»Normalerweise ist es um diese Uhrzeit viel voller. Heute ist relativ wenig los, wahrscheinlich weil es heute Morgen etwas kühler ist.« Selten kommt Uli Fabry so früh hierher, gegen halb elf ist es ruhiger und entspannter, wenn die ersten Schwimmer wieder weg sind:**

Morgens mache ich meine Post, dann zeichne ich. Wenn ich ein Loch habe oder nicht weiterkomme, fahre ich hierher. Mindestens fünf Mal in der Woche, aber meistens jeden Tag. Zuerst gehe ich kurz in die Sauna, um meine Muskeln aufzuwärmen, dann kraule ich 20 bis 30 Bahnen, je nach Tagesform, danach gehe ich nochmal kurz in die Sauna und fahre gleich wieder nach Hause. Das ist wie Meditation für mich. Früher fand ich Schwimmen schrecklich. Während des Studiums hatte ich eine kleine Wohnung mit einem Ofen, den man mit Holz befeuern musste, um warmes Wasser zu haben. Das war mir oft zu umständlich und dauerte mir zu lange, so bin ich auf dem Weg zur Hochschule oft zum Duschen ins Schwimmbad, an dem ich vorbeikam. Irgendwann dachte ich, wenn ich schon hier bin, kann ich auch schwimmen. Und so entdeckte ich meine Leidenschaft fürs Schwimmen. Nach zwei Bahnen fängt mein Kopf an, sich zu sortieren. Auch für den Körper ist es angenehm. Alles löst sich. Wenn ich aus dem Wasser komme bin ich geordnet und entspannt.

**Gehst du auch in ein anderes Schwimmbad oder warum kommst du hierher?**

Ich gehe fast immer ins Sonnenbad, auch wegen der Öffnungszeiten. Es öffnet im Februar und schließt am 1. Advent. Kurz bevor es im Winter zumacht, kriege ich die Krise, weil ich viel lieber draußen schwimme. Im Hallenbad habe ich Probleme mit der Luft. Aber da ich ohne das Schwimmen schlechte Laune bekomme, gehe ich die zwei Monate ins Fächerbad, aber nicht jeden Tag. Hierher komme ich täglich. Ins Fächerbad gehe ich wegen der 50-Meter-Bahn. In den kurzen Becken mag ich nicht schwimmen. Im Sommer gehe ich dienstags oder donnerstags zum Frühschwimmen um 7 Uhr nach Durlach ins Freibad, dort gibt es auch ein 50 Meter langes Becken. Da ist man so schön im Grünen, und es ist um diese Uhrzeit noch relativ ruhig, das gefällt mir auch gut.

»Nach zwei Bahnen fängt mein Kopf an, sich zu *sortieren.*«

ULI FABRY

**Wie lange lebst du schon in Karlsruhe?**

Schon lange. Ich bin hier geboren. Aber in Walzbachtal-Jöhlingen aufgewachsen. Ich habe meine erste Ausbildung hier gemacht, bei der Deutschen Bundesbahn als Bundesbahnassistentin. Nach der Realschule wollte ich eigentlich Lehrerin werden. Sport, Mathe und Handarbeit schwebte mir vor. Doch ich komme vom Land, und zur damaligen Zeit war es für Mädchen nicht üblich aufs Gymnasium zu gehen. Anstatt zu Hause zu lernen, war ich oft unterwegs. Meine Eltern glaubten, dass ich zu wenig Lerneifer fürs Gymnasium hätte, aber mir fiel die Schule und das Lernen immer leicht, ich musste zu Hause nicht so viel Lernen. Also sollte ich nach der Realschule eine Lehre machen, und bei der Bahn war die Ausbildung sehr vielfältig und klang interessant.

Beim Badischen Staatstheater habe ich in der Gewandmeisterei ein Vorpraktikum für mein Studium gemacht. Als ich in Pforzheim dann Modedesign studiert habe, wohnte ich in Königsbach-Stein. Davor habe ich in einer WG in Karlsruhe gewohnt. Von Königsbach sind es ungefähr 20 Kilometer bis nach Karlsruhe. Am Wochenende habe ich im Café Palaver am Lidellplatz gejobbt. Nach dem Studium, Ende der 1990er Jahre, bin ich wieder hierhergezogen. Und seitdem lebe ich hier mit kurzen Unterbrechungen in Hamburg für ein Praktikum bei Jil Sander, das war aber noch während meines Studiums, in Freiburg für ein Stickerei-Seminar, in Reutlingen wegen mehreren Strickseminaren und so weiter, aber meine Basis war immer in Karlsruhe.

**Fühlst du dich wohl in Karlsruhe?**

Ja, sehr. In Karlsruhe lebt es sich gut und angenehm. Die Stadt liegt zentral, man kann fast alle Wege mit dem Fahrrad machen, sie ist überschaubar und mit den vielen Reisen ist das perfekt. Vor allem gibt es ein tolles Schwimmbad. Ich drehe jetzt meine Bahnen, das vorhin waren ja nur ein paar Bahnen fürs Shooting, das ist mir zu wenig, um ruhig und ausgeglichen in den Tag zu starten. Außerdem wird mir ein bisschen kalt.

11

## SONNENBAD

Das Sonnenbad genießt einen Kultstatus nicht nur unter den Karlsruher Freibädern, sondern auch überregional, weil es jedes Jahr als erstes Bad in ganz Deutschland öffnet, Ende Februar. Das jährliche winterliche »Anschwimmen« hat sich inzwischen bis ins Ausland herumgesprochen und es kommen immer mehr Touristen, die dabei sein wollen, wenn alle Badegäste um Punkt zehn Uhr morgens ins Wasser springen. Während Bademeister Roland Hilner mit Schal und dicker Jacke um das Becken läuft, genießen die Schwimmer das 28 Grad warme Wasser. Manchmal zieht der Nebel im Winter so tief über das Becken, dass man kaum etwas sieht. So nah am Rhein ist das Wetter oft anders als in der Innenstadt und ändert sich schneller.

Ohne private und ehrenamtliche Initiative würde das Sonnenbad nicht mehr existieren. Als 2001 die Schließung drohte wurde der Freundeskreis gegründet, und dank seiner unermüdlichen und ambitionierten Hilfe und der vieler Sponsoren zählt das Schwimmbad inzwischen zu den effizientesten der Stadt. Auch Uli Fabry ist Mitglied im Freundeskreis, seit über 15 Jahren. Das ist allerdings auch die Voraussetzung, wenn man eine Jahreskarte erwerben möchte. Ohne Mitgliedschaft bekommt man sie nicht. Dafür hat man mit der Jahreskarte freien Eintritt in allen anderen Schwimmbädern Karlsruhes.

Das Sonnenbad liegt mitten im Industriegebiet des Rheinhafens im Stadtteil Mühlburg, zwischen der Nördlichen Uferstraße und der Alb, am landseitigen Ende des Rheinhafens in direkter Nachbarschaft zum Heizwerk. Die Lage ist also keineswegs idyllisch, auch wenn es eine große Liegewiese mit Bäumen gibt. Darum habe ich mich immer ein wenig über den Namen gewundert, denn zum Sonnenbaden lädt die Lage des Schwimmbads nicht unbedingt ein, zumindest mich nicht. Doch sie hat ihren guten Grund: das Becken wird mit Fernwärme geheizt, mit der Rücklaufwärme aus dem Heizwerk. Die gab es früher umsonst, seit zehn Jahren muss das Bad dafür bezahlen.

Im Juni 1915 wurde es eröffnet, als »Sonnenbad«. Die Militärbauverwaltung ermöglichte den Bau, weil es unter anderem als Militärschwimmschule genutzt wurde. 1920 wurde es umbenannt und hieß fortan »Städtisches Schwimm- und Sonnenbad am Rheinhafen«. Ein viel zu langer Name, darum nannte man es kurz »Rheinhafenbad«, was sich leicht mit dem direkt am Rhein gelegenen »Rheinstrandbad« verwechseln lässt. Anlässlich seines 90-jährigen Bestehens 2005 wurde es dann wieder umbenannt.

Nachdem ich nun zum ersten Mal hier war, habe ich mir fest vorgenommen, das Schwimmen wieder aufzunehmen, denn auch mich lockt das große Becken und die lange Öffnungszeit. Wie herrlich muss es sein, im warmen Wasser seine Bahnen zu ziehen, wenn der Nebel über dem Wasser liegt und man gefahrlos von einem Ende des Beckens zum anderen schwimmt.

*Über*

# Uli Fabry

Die 1965 in Karlsruhe geborene Modedesignerin Uli Fabry ist fasziniert von Cashmere und hat einen imposanten Lebenslauf, u.a. war sie in freier Mitarbeit fünf Jahre im Team von Wunderkind-Couture von Wolfgang Joop, hat sich im Verband Deutscher Modedesigner in der Regionalleitung engagiert, hatte einen Lehrauftrag im Strickwerk an der Staatlichen Akademie der Bildenden Künste in Stuttgart, arbeitete im Produktmanagement von Lana D'Oro Cashmere und, und, und. Und das in ihrem zweiten Leben: »Bevor ich bei der Deutschen Bundesbahn lebenslang verbeamtet wurde, wollte ich wissen, ob ich die Aufnahmeprüfung an der Hochschule für Gestaltung in Pforzheim bestehen kann und holte meine Fachhochschulreife nach. Wenn sie mich nicht nehmen, werde ich Lehrerin, dachte ich damals. Es hat aber gleich geklappt. Als ich mit 30 fertig war, wurde ich bei jedem Bewerbungsgespräch gefragt, ob ich keine Kinder wollte. Ich bekam keinen festen Job. Also bin ich auf Messen und habe mir die Kollektionen angeschaut. Eine war so traurig, ohne Struktur, ohne alles. Weil ich sie mir so lange anschaute, sprach mich jemand an. Ich bewarb mich, weil ich dachte, die brauchen meine Hilfe. Ich hatte meinen ersten Job. Während eines Praktikums bei Jil Sander, bei der mich immer die Konfektion faszinierte, merkte ich, dass ich das nicht machen wollte. Bei einem Designer von Missoni lernte ich danach die Grundlagen im Strick kennen. In den letzten 20 Jahren designte und entwickelte ich zweimal im Jahr Strickkollektionen zwischen 70 und 120 Modellen für unterschiedliche Firmen. Meine eigene Kollektion begann ich erst richtig durch die Impulse und Zusammenarbeit mit Romy Ries zu entwerfen. Ich kam zu ihr in den Laden und hatte einen Strickschal an. Der gefiel ihr so gut, dass sie mich fragte, ob ich ihr ein paar davon machen könnte. Bei jeder Produktion bleibt Garn übrig. Damit habe ich ein paar Sachen für mich und für Freunde gestrickt. Dann hat es sich immer mehr herumgesprochen, ich habe Cashmere-Events bei ihr im Laden gemacht, und letztes Jahr meine erste eigene kleine Kollektion mit Pullovern, Jacken, Schals und Decken präsentiert.«

# MIRIAM KUNGL

*Konditorin*

## ZOOLOGISCHER STADTGARTEN KARLSRUHE

*Die Konditorin Miriam Kungl mag Tiere und ganz besonders Erdmännchen. Seit sie in der Nähe des Stadtgartens wohnt, besucht sie die kleinen Raubtiere regelmäßig im Zoo.*

# Zuckersüß

**Dem Charme der quirligen Erdmännchen kann man sich kaum entziehen. Sie gehören zu den beliebtesten Tieren in den Zoos, auch im Karlsruher. Dort sind sie vor einiger Zeit vom ruhigeren Gehege am Lauterberg hinunter in das ehemalige Giraffenhaus gezogen. Die im Mai 2019 geborenen vier Jungtiere sind die neuen Stars. Erdmännchen kommen nackt und blind auf die Welt, und verbringen die ersten zwei bis drei Wochen ihres Lebens in der Wurfhöhle. Mutter Evi hat sie nicht in der für sie vorbereiteten Wurfhöhle zur Welt gebracht, sondern in einem Erdloch unter einem Findling.**

**Miriam, du hast dir den Zoo als den Ort in Karlsruhe ausgesucht, den du gern besuchst. Vor allem die Erdmännchen haben es dir angetan. Warum?**

Weil es so aktive, so soziale Tiere sind. Sie sind sehr gesellig, streiten sich auch mal. Und sie sehen natürlich sehr süß aus. Ich könnte stundenlang vor ihrem Gehege stehen und ihnen zuschauen. Es ist so beruhigend, ihnen zuzuschauen. Und auch lustig. Erdmännchen machen gute Laune. Ich war längere Zeit nicht hier, aber seit wir so nah am Zoo wohnen, komme ich wieder öfter her.

**Eine der Lieblingsbeschäftigung der Erdmännchen ist es, sich zu sonnen.**

Ja, ich erinnere mich an eine Dame, »Frau Erdfrau«, die leider eingeschläfert werden musste. Deren Lieblingsplatz war ein kleiner Liegestuhl, den ihr eine Pflegerin gebastelt hatte. Ich kenne sie noch aus dem alten Gehege. Dort war auch eine Wärmelampe installiert, und sie lag darunter auf ihrem Liegestuhl. Das war sehr lustig, fast menschlich irgendwie, wie sie in dem Stuhl lag und sich sonnte. Und die anderen haben aufgepasst, dass sie ihre Ruhe hatte. Wahrscheinlich haben sie auch gespürt, dass es ihr nicht so gut ging.

**Ich erinnere mich, als ihr 2013 euren ersten Laden in der Amalienstraße aufgemacht habt, bin ich fast zur selben Zeit in die Leopoldstraße gezogen und habe mich sehr gefreut, dass es in meiner unmittelbaren Nachbarschaft eine so gute Konditorei gibt. Seit wann lebst du in Karlsruhe?**

Ich bin wegen des Ladens hierhergezogen. Ich komme aus Heilbronn, habe dort meine Ausbildung gemacht und danach in Stuttgart und Köln gearbeitet. Als mein Partner Sven Ludwig und ich entschieden haben, uns selbstständig zu machen, haben wir überlegt, wo das am besten passt, in welcher Stadt. Wir wollten uns auf französische Pâtisserie spezialisieren und da passt Karlsruhe mit seiner Nähe zu Frankreich sehr gut. Also haben wir uns für Karlsruhe entschieden. Svens Opa kommt aus Karlsruhe, daher war uns die Stadt nicht ganz fremd.

**Fühlst du dich wohl hier?**

Ja. Ich schätze die Größe der Stadt. Es ist eine Stadt, aber sie ist nicht zu groß. Hat aber alles, was eine Stadt ausmacht. Die Nähe zum Wald finde ich sehr schön, die

ludwig
WELCOME
IHR SÜSSEN!
09.00 - 18.00 Uhr
11.00 - 18.00 Uhr

vielen Seen, man ist gleich in Frankreich, in der Pfalz. Die Lage der Stadt gefällt mir sehr. Ich fühle mich wohl hier.

**Eure französische Pâtisserie ist sehr ungewöhnlich für Karlsruhe. Für mich brachte sie einen Hauch Großstadtflair in unsere eher beschauliche Stadt. Inzwischen seid ihr in die Waldstraße umgezogen. Wie hat sich das entwickelt?**

Der Umzug war eigentlich ein Zufall. In unserer Anfangszeit war der Laden in der Amalienstraße perfekt. Wir waren zu dritt, hatten nur einen Konditor in der Backstube, kein Personal im Café, machten alles selbst. Unsere Backstube war um die Ecke im Karlshof in der Akademiestraße, durch den Markt auf dem Stephanplatz hatten wir schnell viel Kundschaft. Wir hatten schon mit dem Gedanken gespielt umzuziehen, weil wir ein größeres Café wollten, dann kam das Angebot aus der Waldstraße. Eigentlich hatten wir andere Vorstellungen davon, wie ein neues Geschäft aussehen sollte, aber die Lage hat uns überzeugt.

**Verstehst du dich als Handwerkerin oder als Künstlerin?**

Beides. Pâtisserie ist eine Art Kunst. In unserem Beruf gibt es in der Ausbildung keine Spezialisierung. Man lernt Konditor oder Konditorin. Danach kann man sich weiterbilden, in der Pâtisserie, als Glacier, als Chocolatier. Wir sind Handwerker, aber wir backen nicht einfach nur Kuchen. Es ist ein kreativer Prozess, den richtigen Geschmack zu finden, die Optik eines Törtchens zu kreieren, die Farben und Zutaten entsprechend auszuwählen. Was passt zusammen, welches Obst zu welchem Gewürz oder zu welchen Kräutern, z. B. Aprikose zu Rosmarin oder Basilikum zu Limette. Das ist für mich die Kunst. Dafür braucht man eine Gabe. Wir haben mit unserer Backkunst hier in Karlsruhe einen Nerv getroffen. Es war die richtige Entscheidung, hierher zukommen, die Stadt hat uns Glück gebracht.

12

## ZOOLOGISCHER STADTGARTEN KARLSRUHE

Im Mai 2019 gab es bei den Erdmännchen im Zoo endlich den ersehnten Nachwuchs. Seit dem Umzug ins neue Gehege im ehemaligen Giraffenhaus drei Jahre zuvor wartete man darauf. Doch erst der Austausch des Weibchens brachte den gewünschten Erfolg: Vier kleine Erdmännchen erblickten das Licht der Karlsruher Zoowelt. Erdmännchen leben in Kolonien mit bis zu vierzig Tieren. Nur das ranghöchste Weibchen bekommt Nachwuchs, bis zu drei Mal im Jahr. Damit ist ihre Aufgabe dann auch erledigt, denn um die Aufzucht, Erziehung und Ausbildung kümmern sich andere Tiere der Gruppe. Es gibt weibliche Helferinnen, die sich um die Aufzucht der Jungen kümmern, und es gibt männliche Helfer, die sie in Überlebensfragen unterrichten: Wie fängt man die besten Heuschrecken oder unter der Erde lebende Käfer?

Wie tötet man einen Skorpion, ohne von ihm gestochen zu werden? Gegen das Gift sind sie im Erwachsenenalter immun, auch gegen Schlangengift, aber der spitze Stachel könnte sie trotzdem lebensgefährlich verletzen.

Die aufrechte Sitzhaltung der Erdmännchen ist sicherlich einer der Gründe, weshalb sie bei den Menschen so beliebt sind. Diese Haltung nehmen die Tiere an, wenn sie sich auf Wachposten befinden. Nähert sich ein Feind, schlagen sie Alarm, indem sie bellen. Der enge Zusammenhalt und die Aufgabenverteilung innerhalb der Gruppe sichert ihnen das Überleben in der freien Wildbahn. Zu Hause sind sie in trockenen, offenen Landschaften im südlichen Afrika. Ende der 1980er Jahre sind Erdmännchen zusammen mit anderen kleinen Raubtieren in die Gehege am Lauterberg eingezogen.

Der Zoologische Stadtgarten ist einer der ältesten Zoos in Deutschland. Er wurde am 8. September 1865 durch die Gründung des badischen Vereins für Geflügelzucht ins Leben gerufen. 1868 übernahm ihn der »Tiergartenverein«, und dank städtischer Hilfe und dem Engagement des damaligen Oberbürgermeisters Lauter konnte sich der zoologische Garten immer mehr erweitern. Durch den Bau des Wasserhochreservoirs im Lauterberg veränderte sich das Gelände, Schwanensee und Schwarzwaldhaus entstanden. Mit dem Bau des neuen Hauptbahnhofs Anfang des 20. Jahrhunderts wurde der Garten erheblich vergrößert. Rosengarten, Japangarten, die Wolff-Anlage entstanden.

Nach dem Zweiten Weltkrieg war der Tiergarten zerstört. Die noch lebenden Tiere wurden an benachbarte Zoos abgegeben, die Grünanlagen waren zum großen Teil zerstört, und das Gelände wurde von der Stadtgärtnerei für den Anbau von Gemüse genutzt, um die hungernde Bevölkerung zu ernähren. Ab 1947 begann man mit dem Wiederaufbau, und schon 1949 konnten Stadtgarten und Zoo neu eröffnet werden. Mitte der 1960er Jahre wurden Tiere in den »Tierpark Oberwald« im Stadtteil Rüppurr ausgelagert, um Platz für die Veränderungen anlässlich der Bundesgartenschau 1967 zu schaffen. Waren Zoo und Stadtgarten noch durch eine Straße getrennt, wurde nun die Fußgängerbrücke zur Überquerung des Areals von Ost nach

»Erdmännchen
machen gute Laune.«

MIRIAM KUNGL

West gebaut und das Gelände miteinander verbunden. Zwischen Schwanensee und Stadtgartensee wurde ein Verbindungskanal gebaut und eine Bootseilbahn installiert, die Gondoletta. Ein neues Bärengehege wurde zur Eröffnung der Gartenschau eingeweiht, in das elf Eisbären einzogen. Damals war es die größte Eisbärenhaltung Europas.

Zwischen 1978 und 1991 wurden 25 Eisbären geboren, weshalb der Bär auch das Wappentier des Zoos ist. 1984 bekommen fünf Eisbärdamen Nachwuchs von einem Gastbär aus dem Berliner Zoo. Immer wieder hat der Bär Willy ein fruchtbares Gastspiel in Karlsruhe. Seine letzten Kinder, Zwillinge, kamen am 31. Dezember 1991 zur Welt. Als zur Jahrtausendwende ein neues Gehege gebaut wurde, zogen die Bären vorübergehend in den Nürnberger Zoo, wo es zur Katastrophe kam: Ein Unbekannter brach die Schlösser des Geheges auf, die Bären spazierten frei auf dem Zoogelände herum und wurden aus Sicherheitsgründen erschossen. Die Karlsruher spendeten reichlich für neue Eisbären, die Staatliche Majolika legte eine Sonderedition mit 3.000 Eisbärenskulpturen auf. Ein Teil des Erlöses kam dem Zoo zugute. Inzwischen verzichtet man auf die Haltung von größeren Gruppen, hat sich auf die Paarhaltung spezialisiert. Im Zeichen des Klimawandels kommt dem Zoo-Eisbären eine größere Bedeutung zu, die Menschen werden für seinen schrumpfenden Lebensraum sensibilisiert.

Außer den Eisbären und Erdmännchen leben heute rund 4.000 Tiere im Zoologischen Stadtgarten, es gibt mehr als 255 Arten. Im April 2015 wurde das Exotenhaus im ehemaligen Tullabad eingeweiht, einige Monate vorher die größte Nasenbärenanlage in Deutschland. Der Papagei von »Pippi Langstrumpf«, Rosalinda, hatte hier für drei Jahre bis zu seinem Tod 2019 seinen Altersruhesitz. Die kecke Seehundedame Zola ließ 2013 die Besucher in Scharen in den Zoo strömen. Sie war aus ihrem Gehege ausgebüxt und durfte ein paar Wochen im Schwanensee verweilen, bevor sie in ihr neues Zuhause in Tschechien umziehen musste. Die Artenschutzstiftung Zoo Karlsruhe unterstützt Patenprojekte zum Erhalt der Arten im Freien und sieht die Tiere im Zoo als Botschafter ihrer Art.

BASIL
MANGO

*Über*

# Miriam Kungl

Die Konditorin aus Leidenschaft wurde 1989 in Heilbronn geboren, ist dort aufgewachsen und hat mit 16 Jahren ihre Ausbildung begonnen. Bevor sie sich 2013 mit ihrem Partner Sven Ludwig in Karlsruhe selbstständig machte, arbeitete sie in Stuttgart und Köln. »Als ich mich in Köln beworben habe, war es Sven, der mich eingestellt hat. So haben wir uns kennengelernt.«

Das Haus in der Amalienstraße 39 ist nicht irgendein Haus, in dem die beiden den Schritt in die Selbstständigkeit wagten. Damals gehörte es einer Dame, Felicitas Pudewell, die es von ihren Großeltern geerbt hatte. Ihr Großvater hatte im Erdgeschoß seine Zahnarztpraxis. Er hatte das Haus auf Drängen seiner Frau gekauft. Sie liebte das Theater, und als das Haus zum Verkauf ausgeschrieben war, schien es ihr perfekt, weil sie zu Fuß zum alten Hoftheater neben dem Botanischen Garten gehen konnte. Das Haus hat einen herrlichen Innenhof, der so groß ist, dass sogar eine Kutsche darin wenden konnte. Es wurde Anfang der 1820er Jahre gebaut und sticht besonders durch seine olivgrüne und bemalte Fassade ins Auge. Hofschneider Bang hatte hier sein Atelier, und der Komponist Johann Wenzel Kalliwoda starb dort am 3. Dezember 1866, kurz nachdem er nach Karlsruhe übergesiedelt war. Sein Sohn Wilhelm Kalliwoda (1827–1893) war Musikdirektor der Badischen Staatskapelle und ab 1866 Kapellmeister.

Zwei Jahre später zogen die beiden mit ihrer Pâtisserie in die Waldstraße. 2017 folgte dann die Eröffnung eines zweiten Geschäfts am Stadtgarten, wohin auch die Backstube schon umgezogen war. Hier setzen die beiden auf »take away«, auch wenn es ein paar Sitzplätze gibt. 2019 nahmen Miriam Kungl und Sven Ludwig an einer Backshow auf SAT1 teil und wurden bundesweit bekannt: »Durch's Fernsehen kommen mehr Kunden in den Take-Away-Laden am Stadtgarten und die Waldstraße wird etwas entlastet«, so Miriam Kungl. »Die Profi-Backshow war eine interessante Erfahrung, auch wenn es kein richtiger Wettbewerb war, sondern eben eine Show.«

HERBERT
REGNER

# SIMONE MARIA DIETZ

*Kunsthistorikerin*

## HAUPTFRIEDHOF

*Die Kunsthistorikerin Simone Maria Dietz beschäftigt sich schon seit vielen Jahren mit der Karlsruher Stadtgeschichte. Der Hauptfriedhof wurde als Park für unsere Ahnen angelegt, zum Gedenken und Lustwandeln, in dem auch sie immer wieder Augenblicke der Ruhe und Inspiration findet.*

# Wo die Seele Flügel hat

*von Simone Maria Dietz*

Es sind die von Platanen gesäumten Wege, die Biegungen, hinter denen sich jedes Mal etwas Neues finden lässt, es ist die einzigartige Stimmung zwischen pulsierendem Leben und friedlicher Ruhe.

Auf die Frage nach einem Lieblingsort in meiner Geburtsstadt Karlsruhe gäbe es natürlich Dutzende von Plätzen, die mir einfallen würden. Plätze, die eng verbunden sind mit meinem Leben, meinem Schaffen. Da ist die Kunsthalle, das ZKM, da sind die Ateliers und Galerien ebenso wie die Atmosphäre der historischen Altstadt in Durlach, die alten Hausfassaden mit ihren geheimnisvollen Eigenheiten. Aber der Ort, an dem so viele Geschicke dieser Stadt, so viele Geschichten aus allen Zeiten und einer Vielzahl von Menschen zusammenkommen, und an dem sie mit einem zauberhaften Flair wieder lebendig werden, ist für mich der Karlsruher Hauptfriedhof.

Es ist schon etliche Jahre her, mein Sohn war gerade auf die Welt gekommen, als ich mit ihm im Kinderwagen die unzähligen Winkel und Ecken erkundete, um mit dem schlafenden Kind an warmen Sommertagen ungestört spazieren zu können. Da schien es mir wie ein kleines Geschenk

»Es ist die *einzigartige Stimmung* zwischen pulsierendem Leben und friedlicher Ruhe.«

SIMONE MARIA DIETZ

des Zufalls, dass ausgerechnet zu dieser Zeit jemand gesucht wurde, der historische Führungen auf dem Hauptfriedhof anbieten wollte. Nun begann ich erst recht, den Ideen des Architekten Josef Durm, seiner Vorstellung zu einem Friedhof als Parkanlage, nachzugehen. Ich las die Lebensgeschichten jener großen Köpfe der Stadt, die hier ihre letzte Ruhestätte gefunden haben: Hans Thoma, Joseph Victor von Scheffel, Oberbürgermeister Wilhelm Lauter oder die lange vergessene Musikerin Margarete Schweikert; ich las von Karl Drais und die traurigen letzten Zeilen Ludwig Marums – Erinnerungen aus allen Jahrzehnten der Stadtgeschichte.

Es ist so ein einzigartig schöner Ort, an dem ich bis heute immer wieder gerne verweile.

Schon wenn man auf das breite Portal mit dem schmiedeeisernen Tor zugeht, kann man erahnen, dass sich dahinter etwas Besonders verbirgt. Josef Durm wollte, dass jeder Besucher gleich beim Betreten des »Campo Santo«, des großen Eingangshofes, in eine andere Welt versetzt wird. Und so ist es auch gegenwärtig noch: Draußen herrscht die Hektik des Alltags, fahren Autos und Straßenbahnen, ist es laut und umtriebig, während hier drinnen eine besondere Stille einkehrt. An jeder Stelle des Hofes finden sich andere Perspektiven, die auf die Besonderheit der Architektur und die wertvollen Materialien hindeuten: Roter Sandstein, gelber Jaumont oder weißer Marmor.

Gegenüber dem Eingangstor erhebt sich die prachtvolle Fassade der Großen Kapelle. Schlank und aufstrebend ragt sie mit ihrer markanten Fensterrosette und den verschiedenartigsten Schmuckmotiven empor. Wie zwei schützende Arme schließen sich zu beiden Seiten die Umgänge der rechteckigen Gruftenhalle an. Inspiriert durch das florentinische Findelhaus, gestaltete Durm sie mit einer Säulenarkade. An ihrer Rückwand finden sich die steinernen Zeugnisse aus über 140 Jahren Friedhofsgeschichte. Grabsteine, die immer wieder der wechselnden Mode in der Gestaltung unterworfen waren.

Geht, steht oder verweilt man unter diesen Arkaden, scheint es, als ob man von den vorbeikommenden Menschen kaum wahrgenommen wird: Man bewegt sich wie zwischen den Welten. Wer sich hier einmal die Zeit für die

vielen Kleinigkeiten nimmt, entdeckt den Reichtum der Symbole, mit denen der Architekt auf dieses »Dazwischen« hinweist: Mohnblumen für den Schlaf – den kleinen Tod –, Girlanden aus Feldfrüchten – das Kommen und Gehen der Jahreszeiten und des Lebens – oder brennende Fackeln, die jeden Moment erlöschen können.

Das Herzstück beginnt hinter der Großen Kapelle: ein verwunschener Park im Stil der ehrwürdigen englischen Gärten. Der älteste Teil des Friedhofes hat keine geraden Achsen, der Spaziergänger ist eingeladen zum Lustwandeln, sich treiben zu lassen und seinen Gedanken nachzugehen. An den breiten Haupt- und Seitenwegen erstrecken sich dabei immer wieder Familiengrabstätten mit schmuckvoll gearbeiteten Gedenksteinen. Sie erzählen von den Ehrungen und Berufen, vom Glauben und den Geschicken der hier Bestatteten. An fast jeder Gabelung findet sich eine der Größen der Stadtgeschichte: Bürgermeister, Wissenschaftler und Künstler.

Doch auch die neueren Anlagen, eingebettet in das historische Umfeld, haben ihren ganz besonderen Reiz. Geht man den rechten Hauptweg bis fast ans nördliche Ende, erreicht man das Feld 24. Den Titel »Mein letzter Garten« erhielt es nach seiner Umgestaltung 2003, und genau so fühlt man sich, wenn man durch einen der kleinen Wege eintritt: Wie ein Hortus conclusus, ein geschützter Garten, in den man sich zurückziehen kann. Von einem Hügel ergießt sich Wasser in einer Kaskade und sammelt sich in einem kleinen Becken. Wasser als Quell, als Symbol des Lebens. Doch so wie auch das Leben endlich ist, versiegt hier gleichsam der weitere Verlauf, das Flussbett ist ausgetrocknet, und erst im benachbarten Feld 23, das diese Idee aufgreift, schließt sich der Kreislauf wieder und das Wasser sammelt sich in einem kleinen Teich. Neben dem Wasserfall führen zwei schmale Wege herunter, an dem steinernen Bachlauf entlang. An ihnen liegen gärtnerisch schön gestaltete kleine Beetflächen mit Urnengrabstätten. Weite Rasenstücke bieten dem Auge Ruhe, und Bänke laden zum Verweilen ein – fast ein Paradiesgärtlein. Nur allzu gerne komme ich hierher, wenn mich der Alltagsstress mal wieder zu übermannen droht. Ich setzte mich auf eine Bank oder auf einen der großen Felsbrocken, höre den Vögeln, dem Rauschen der Blätter zu und genieße die Ruhe. Und nicht nur einmal kamen mir dabei die besten Gedanken, Ideen für den nächsten Vortrag oder die anstehende Ausstellungseröffnung. Es gibt so viele Orte hier auf diesem herrlichen Friedhof, aber dieser Garten ist sicherlich der sinnlichste und mir liebste.

Nur ein paar Schritte weiter, zwischen den Feldern hindurch gelangt man auch in die Erweiterung dieses »Letzten Gartens«, eine Anlage, die nur vier Jahre später entstanden ist. Ein rotes Segel überdacht einen kleinen Platz an einem Froschteich mit wilden Seerosen; auch hier lässt es sich wunderbar verweilen. Schon ein paar Mal habe ich unter dem geschützten Dach, mit Freunden ganz privat oder im beruflichen Auftrag mit Kollegen aus Musik und Literatur gesessen und Geschichten lebendig werden lassen.

Auf dem Weg zurück kommt man noch an eine weitere Stelle, an der es sich lohnt innezuhalten. Es ist der »Lebensgarten«, ein Platz für Angehörige, Nachdenkliche, ein Platz für die Lebenden. Die Idee dahinter ist ein symbolischer Trauerweg, dessen Texttafeln helfen sollen nachzufühlen, zu verstehen. Der Bereich ist von einer Hecke umgeben, so dass sich ein Besucher nicht beobachtet fühlt. Ich komme gerne hierher, denn in unserem meist schnellen Leben bleibt oft zu wenig Zeit für ehrliches Interesse an Dingen und Menschen, vergessen wir das Feingefühl für die Wünsche der anderen. Hier kann man herkommen und einfach mal im Schutz der Bäume seine Wut und seine Sorgen loswerden, beim Gang über eine Wippe wieder sein Gleichgewicht finden. Oder sich, so wie ich es gerne tue, eine »Auszeit« gönnen, draußen sein, die eigenen Umstände mal wieder ins grade Licht rücken. Zu dieser Auszeit verlässt man den vorgegebenen Weg und macht auf einem etwas erhöhten Sitzplatz Pause. Eines der vielen schönen Fleckchen, um mit einem Buch in eine andere Welt einzutauchen. Danach lässt es sich wieder viel leichter in den Alltag zurückkehren und sich mit neuer Kraft auf neue Ideen und Projekte stürzen.

Wenn ich für eine kleine Weile hier auf diesem Friedhof, in diesem Park spazieren war, dann erscheint vieles wieder aus einer ganz anderen Perspektive, ist doch gar nicht mehr so bedeutungsvoll und schwer.

13

## HAUPTFRIEDHOF

»Hinter dem Thore, eine halbe Stunde vor der Stadt«, wurde 1874 vom Karlsruher Architekten Josef Durm ein Friedhof angelegt. Hinter dem Durlacher Tor auf der Gemarkung von Rintheim östlich der Stadt. Der Alte Friedhof in der Oststadt, der heute als Spielplatz, Hundeauslaufwiese und Durchgang zur Innenstadt genutzt wird, war zu klein geworden.

Es ist der dritte christliche Friedhof in der kurzen Stadtgeschichte. Der erste war auf dem heutigen Marktplatz. Anstelle der Pyramide stand dort zuerst die evangelische Kirche in der Hauptachse des Schlosses, und dahinter erstreckte sich der Friedhof. Da dieser Gottesacker bald zu klein wurde und er außerdem eine Stadtentwicklung in Richtung Süden verhinderte, wurde er Anfang des 19. Jahrhunderts in die Oststadt verlegt. Aber schon damals missachtete man die mahnenden Stimmen, dass auch dieser Friedhof zu dicht an der Stadt liegen würde und musste noch einmal neu planen.

Die Schwierigkeit lag dann auch darin, für den Hauptfriedhof ein geeignetes Gelände zu finden. Die Bauern der umliegenden selbstständigen Gemeinden wollten ihre Äcker nicht verkaufen. Das Großherzogliche Ministerium des Innern enteignete sie, als Entschädigung erhielten sie einen kleinen Teil des angrenzenden Hardtwalds. Ab 1874 fanden die ersten Beisetzungen statt. Damals führte nur ein schmaler Feldweg hinaus zum neuen Friedhof. Es dauerte etwa eine halbe Stunde bis man zu Fuß dorthin gelaufen war.

Martin Luther hatte einmal den Rat gegeben, die Friedhöfe von den Kirchen zu trennen. Sie sollten zudem Gottesacker genannt werden. Diese Trennung führte dazu, dass nicht mehr die Kirche, sondern die Stadt für den Bau und die Verwaltung zuständig war.

Der Karlsruher Friedhof ist einer der ältesten deutschen Parkfriedhöfe, der älteste in Süddeutschland. Die Parkanlage ohne Sichtachsen und mit verschlungenen Wegen steht im Gegensatz zur klar strukturierten und geometrisch angelegten Eingangshalle, dem Campo Santo. In Deutschland wurden ab dem 16. Jahrhundert Friedhofsanlagen nach diesem italienischen Vorbild erbaut: hofartig umschlossen mit einem nach innen offenen Bogengang.

Neben vielen anderen bekannten Persönlichkeiten fand auch sein Architekt Josef Durm auf dem Hauptfriedhof seine letzte Ruhestätte. Er wurde 1837 in Karlsruhe geboren und lehrte von 1868 bis zu seinem Tod an der Technischen Hochschule Karlsruhe. Von 1894 bis 1902 war er Oberbaudirektor des Großherzogtums. Sein besonderes Interesse galt der archäologischen Bauforschung, die Renaissance und der Frühbarock beeinflussten seine Arbeit. Im 20. Jahrhundert wurden zahlreiche seiner Gebäude abgerissen oder nach Kriegsschäden vereinfacht wieder aufgebaut. In Karlsruhe finden sich noch einige Zeugnisse seiner Baukunst, darunter das Vierordtbad, das Erbgroßherzogliche Palais (heute Bundesgerichtshof), das Prinz-Max-Palais und die Kunstgewerbeschule (heute Kunstakademie).

*Über*

# Simone Maria Dietz

Die Kunsthistorikerin Simone Maria Dietz wurde im September 1971 in Karlsruhe geboren. Ihre Schulzeit verbrachte sie in ihrer badischen Heimat und begann nach Abschluss des Abiturs zunächst an der Universität Karlsruhe Kunstgeschichte, Baugeschichte und Geschichte zu studieren. Einen Teil des Hauptstudiums absolvierte sie in Wien und arbeitete dort zeitweise im Kunsthistorischen Museum und im Schloss Schönbrunn. Angeregt durch ihren Karlsruher Professor Wolfgang Hartmann setzte sie sich intensiv mit der Sammlung der Städtischen Galerie, besonders mit den Arbeiten Karl Hubbuchs, auseinander. Später kam die wissenschaftliche Beschäftigung mit der Karlsruher Stadtgeschichte und hier insbesondere mit den Kirchenbauten und ihren Glasmalereien hinzu. Noch während ihres Studiums begann sie mit Führungen in verschiedenen Museen, Stadt- und Reiseleitungen.

Seit 2003 bietet Simone Maria Dietz mit dem »KunstFilter« einem interessierten Publikum thematisch breitgefächerte Kurse, Vorträge und Ausstellungsbesuche an. Ihre Veranstaltungen verbinden dabei Kunst, Literatur und Musik zu einem Gesamtbild der jeweiligen Geschichte. Als Laudatorin eröffnet sie überregional (u.a. in München, Stuttgart, Berlin) und regional (hauptsächlich in Baden und der nahegelegenen Pfalz) Ausstellungen bildender KünstlerInnen. Zusammen mit KollegInnen entwickelt sie besondere Formate mit Musik und Literatur, die als Einführung oder Begleitveranstaltung die Perspektive der Ausstellungsbesucher auf vielfältige Weise öffnen. Schließlich ist sie als Kuratorin tätig, schreibt Katalogtexte, Expertisen und katalogisiert Künstlernachlässe.

Seit 2015 verantwortet Simone Maria Dietz im InfoCenter des Karlsruher Hauptfriedhofs maßgeblich die kleinen Präsentationen im ehemaligen Wartehäuschen der Straßenbahn.

Zudem engagiert sie sich für kulturelle Vereine des Malerdorfs Grötzingen, in dem sie seit 2005 mit ihrer Familie lebt.

# CLAUDIA HÜBSCHMANN

*Schauspielerin*

## CAFÉ KARLKUTTA

*Die Schauspielerin Claudia Hübschmann lebt seit einem Jahr in Karlsruhe und ist seit der Spielzeit 2018/2019 Ensemblemitglied des Badischen Staatstheaters. In ihrer ersten Saison spielte sie unter anderem die Beatrice in Shakespeares »Viel Lärm um nichts« unter der Regie von Lily Sykes.*

# Ein bisschen weg

*von Claudia Hübschmann*

Bevor ich hier in Karlsruhe lebte, kannte ich die Stadt nur vom Vorbeifahren. Von Freunden aus Straßburg wusste ich, dass sie oft ins ZKM fuhren, viele Kollegen aus Münster hatten vorher in Karlsruhe gelebt. Sehr viel mehr wusste ich nicht von der Stadt.

Wie bin ich in Karlsruhe gelandet? Als Anna Bergmann im Sommer 2017 die Stelle als Theaterdirektorin am Badischen Staatstheater übernommen hat, übrigens in Karlsruhe die erste Frau in dieser Position, lud sie mich im Dezember 2017 zum Vorsprechen ein. In meiner Altersklasse war eine Stelle frei geworden. Ich kenne Anna schon seit meiner Ausbildung, wir waren zusammen auf der Hochschule für Schauspielkunst Ernst Busch Berlin. Sie hat dort Regie studiert, ich Schauspiel. Es war ziemlich chaotisch, bis ich endlich bei diesem Vorsprechen war. Ich hatte vorher Proben in Münster, wo ich am Theater engagiert war, rannte von der Probe zum Bahnhof und kam mit eineinhalb Stunden Verspätung in Karlsruhe an. Um 15 Uhr war ich da, um 16 Uhr hätte ich wieder zurückfahren müssen. Aber es hat trotzdem geklappt, und so bin ich seit Juni 2018 in Karlsruhe.

Das Ankommen in Karlsruhe mochte ich von Anfang an. Man kommt aus dem Bahnhofsgebäude und ist nicht wie in den meisten Städten in einer lauten und turbulenten Bahnhofsstraße, sondern wird empfangen von den Rufen der Flamingos im Stadtgarten und ist umgeben von ganz viel Grün. Man steigt in Karlsruhe gern aus. Ich mochte auch den Stadtgarten von Anfang an.

Außerdem macht die Lage der Stadt wirklich Freude, das Einzugsgebiet ist riesengroß. Man ist im Süden und außerdem gleich in Frankreich, wo ich einige Zeit gelebt habe. Straßburg ist um die Ecke und Paris nicht weit. Meine erste Aktion hier in Karlsruhe war ein Einkauf im Supermarché in Lauterbourg im Elsass. Und dann bin ich mit dem TGV an die Côte d'Azur gefahren.

Bei der Wohnungssuche habe ich mich in die Karlsruher Weststadt verliebt. Mein Mann und ich haben zuerst in der Südstadt eine Wohnung gesucht, weil sie direkt hinter dem Theater liegt. Doch dann entdeckte ich die Weststadt und fand sie wunderschön. Letztendlich haben wir eine Wohnung in der Südweststadt gefunden, wo ich mich auch wohl fühle.

Es gibt einige Orte in Karlsruhe, die ich besonders schön finde. Ich liebe die Seen um Karlsruhe und gehe oft im Epplesee baden, die Südliche Waldstraße ist hübsch, die Höfe des ZKM mag ich auch gern oder den Schlossgarten. Und die Schauburg in der Südstadt gefällt mir sehr. Das ist so ein tolles Kino mit dem goldenen Entrée. Außerdem ist das Kinoprogramm dort das beste in Karlsruhe. Ich gehe eigentlich nie in ein anderes Kino.

Doch dann entdeckte ich das Karlkutta im Stadtgarten. Zwei Freundinnen mit Kindern zeigten mir das Café, und seitdem komme ich regelmäßig hierher. Ich habe mir deshalb sogar eine Jahreskarte vom Zoo gekauft, nur wegen des Karlkutta. Die Probebühne vom Theater ist in der Nancyhalle auf dem Festplatz, also gleich am nördlichen Eingang des Stadtgartens. Ich gehe in der Pause oder nach der Probe ganz oft ins Karlkutta, lese oder ruhe mich einfach nur aus. Die Atmosphäre ist so schön, man ist so ein bisschen weg und kann abtauchen. Die hohen Hecken ringsherum geben Schutz, es ist schön ruhig, und auch das Ambiente des Cafés gefällt mir sehr. Und man bekommt immer etwas Gutes zu essen und zu trinken, auch wenn ich nicht immer hier esse.

Alles in allem kann man in Karlsruhe gut leben.

14

## CAFÉ KARLKUTTA

*in der Wolff-Anlage im Zoologischen Stadtgarten*

Beim Namen »Karlkutta« denkt man natürlich unweigerlich an die indische Stadt Kalkutta. Der Name der Stadt leitet sich von dem Fischerdorf Kalikata ab. In der indischen Metropole gibt es einen Kalighat-Tempel zu Ehren der Göttin Kali (oder Kalika), weshalb die Stadt eine der bedeutendsten indischen Wallfahrtsorte ist, ein heiliger Ort. Für das Gartenbauamt Karlsruhe ist die Wolff-Anlage auch so etwas wie ein heiliger Ort, dort stehen die ältesten Bäume der Stadt, erhabene Platanen mit knorrigen Stämmen. Die Platanenallee aus dem 19. Jahrhundert markiert die früheste Grenze des Stadtgartens.

Dank einer Stiftung des Geheimen Kommerzienrat Friedrich Wolff, dessen Parfüm- und Toilettenseifenfabrik durch die Marke Kaloderma

weltweite Berühmtheit erlangte, konnte die Wolff-Anlage 1920 gebaut werden. Vier von Buchenhecken umschlossene Gartenräume mit unterschiedlichen Pflanzthemen bildeten die historische Anlage. 1967 wurden anlässlich der Bundesgartenschau die Heckenabschnitte zum Hauptweg hin entfernt und die einzelnen Gartenräume geöffnet. Im südlichsten Teil der Anlage befindet sich der »Weiße Garten«, in dem weiß blühende Stauden dominieren. In diesem Teil wurde 1967 eine Brunnenanlage gebaut. Die zwei mittleren Abschnitte sind mit ausgedehnten Rasenflächen bewusst ruhig gestaltet.

Der nördliche Teil der Anlage wird von einem gusseisernen Stier bewacht, der etwas versteckt hinter den hohen Hecken steht und 1865 von Isidore-Jules Bonheur entworfen wurde, einem der berühmtesten französischen Tierbildhauer des 19. Jahrhunderts. Bei diesem Stier treffe ich mich mit Dirk Zöller, dem Inhaber des Café Karlkutta. Hinter der vom Stier bewachten Hecke öffnet sich ein Rondell, in dessen Mitte eine Brunnenstele des deutschen Bildhauers und Zeichners Robert Ittermann steht, deren leises Plätschern unglaublich beruhigt. Dieses von meterhohen Hecken eingerahmte Rondell öffnete sich früher zu einem Bücher-Pavillon aus Holz, in dem sich später dann das Café Karle befand. Und heute ist hier das Café Karlkutta.

Und wieder denke ich an Kalkutta – oder vielmehr an ein Buch des »Weltensammlers« und Schriftstellers Ilja Trojanow, das den Namen »Die Stadt der Bücher« trägt. Trojanow, der einige Jahre in Indien gelebt hat, durchstreift in diesem Buch zusammen mit der Fotografin Anja Bohnhof die Büchergassen Kalkuttas, dem eigentlichen Reichtum der Stadt. Im Viertel rund um die College Street bieten über 10.000 Buchläden, meist aus alten Materialien einfallsreich gebaute Verkaufsstände, jedes gewünschte Buch an, ob neu oder gebraucht. Ähnlich bunt wie diese Bücherläden sieht auch der ehemalige Bücher-Pavillon heute aus.

Mit gebrauchten, alten Materialien hat Dirk Zöller zusammen mit Freunden das ehemalige Café Karle, vormals Bücher-Pavillon, umgebaut.

Entstanden ist ein Gesamtkunstwerk, das eigentlich nicht aus Ambiente oder Möbeln besteht, sondern aus künstlerischen Installationen. Mit Hilfe von übergroßen Stahlnägeln wurde zum Beispiel auf einem ausgedienten Deckel einer Truhe ein Weinregal installiert, das an der Wand im Karlkutta hängt. So entdeckt man überall besondere Details, die aus großer Kreativität entstanden sind. Dirk Zöller geht es vor allem um eine veränderte Wahrnehmung. Gebrauchte Materialien aus der ursprünglichen Nutzung herauszunehmen und völlig neu zu kombinieren. Scheinbar nutzlos gewordene Dinge erhalten im Karlkutta eine neue Bestimmung. »Aus Altem kann und darf Neues entstehen«, sagt Dirk Zöller, »wenn man nur die Betrachtung der Sache ändert.« Es ist ihm wichtig, dass man seinen Blick schärft und offen für Neues ist. Und genau das macht den besonderen Charme und die besondere Atmosphäre des Karlkutta aus. Die Idee für den Namen Karlkutta fand Dirk Zöller allerdings nicht in Indien, er war noch nie dort, sondern beim Karl Kutter, einem Fusion-Festival in den Niederlanden.

»Man ist so ein *bisschen weg* und kann abtauchen.«

CLAUDIA HÜBSCHMANN

Die Veranstalter von Fusion-Festivals legen großen Wert auf gegenseitige Toleranz und eine umweltschonende und unkommerzielle Ausrichtung: Es gibt keine Großsponsoren und keine Werbung auf dem Festivalgelände, und es werden vor allem vegetarische und vegane Speisen angeboten. In diesen Gedanken findet sich auch Dirk Zöller wieder, auch wenn man in seinem Karlkutta Fleisch essen kann.

Die Göttin Kali ist im Volksglauben der Hindus eine der wenigen Göttinnen, die Wünsche erfüllen kann. Der Wunsch nach einem Ort, an dem die Gäste »die Seele baumeln lassen können«, ging für Dirk Zöller im April 2018 in Erfüllung. Da erhielt er den Zuschlag der Fächer GmbH, das Café zu pachten. Obwohl er als Sozialpädagoge keine Ahnung von Gastronomie hatte, träumte er immer davon, sein gastronomisches Konzept umsetzen zu können, wollte Neues wagen, andere Möglichkeiten zeigen. Auch beim Essen: »Ich mag Geschmäcker und probiere gern aus«, sagt er. Durch die Kombination unterschiedlicher Zutaten kreiert er wunderbare Chutneys, Pesto, Dressings und Aufstriche und erschafft damit neue Geschmackserlebnisse. Außer den Pommes Frites wird im Karlkutta alles selbst gemacht, auch der Kuchen, was eine der Bedingungen der Ausschreibung für die Verpachtung des Lokals war. Bei unserem Gespräch lässt Dirk Zöller eine kleine Platte mit hausgemachten Köstlichkeiten auf einem Holzbrett arrangieren: dünn angebratene Kohlrabischeiben mit einem Walnusspesto, wunderbares Kichererbsenpüree, Oliven mit Schafskäse, Basilikumpesto, natürlich auch selbst gemacht. Ich war beeindruckt, wie köstlich alles schmeckte, gerade in der ungewohnten Kombination von zum Beispiel Kohlrabi mit Walnusspesto.

Was mir auch auffällt, ist Dirk Zöllers natürliche und offene, freundliche Art seinen Gästen gegenüber. Er begrüßt jeden Gast mit großer Aufmerksamkeit, so dass sich jeder nicht nur willkommen fühlt, sondern es auch tatsächlich ist.

Dirk Zöller ist es gelungen, mit einem einfallsreichen Konzept einen Ort zu schaffen, an dem man nicht nur gutes Essen genießen, sondern auch abtauchen und sich treiben lassen kann, wie in einer Strandbar am Meer.

*Über*

# Claudia Hübschmann

Die Schauspielerin Claudia Hübschmann, Jahrgang 1974, wurde in Potsdam geboren und ist dort aufgewachsen. Ihr Abitur hat sie kurz nach der Wende gemacht und danach Politikwissenschaften studiert. Sie lebte in den Jahren 1993 bis 1998 in Aix-en-Provence und in Paris, wo sie 1997 am Institut d'Études Politiques ihr Studium mit einem Forschungsdiplom abschloss. In Straßburg arbeitete sie für die SPD-Politikerin Dagmar Roth-Berendt, Abgeordnete im Europaparlament, der sie auch nach Brüssel folgte.

Die Liebe zur Schauspielerei und der Wunsch, Schauspielerin zu sein, waren irgendwann so groß, dass sich Claudia Hübschmann an der renommierten Hochschule für Schauspielkunst Ernst Busch in Berlin bewarb, wo sie ab 1998 studierte. Sie hatte unter anderem Engagements am bat, dem Studiotheater der HfS Ernst Busch Berlin, am Berliner Ensemble, am Staatstheater Saarbrücken, am Théâtre Vidy in Lausanne und am Theater in Lübeck. Bevor sie nach Karlsruhe kam, war sie sechs Jahre Ensemblemitglied des Schauspiels Münster und wurde 2014 von den Musik-und Theaterfreunden Münster als beste Künstlerin im Sprechtheater ausgezeichnet. Seit der Spielzeit 2018/2019 ist sie Mitglied im Ensemble des Badischen Staatstheaters Karlsruhe.

Neben Ihrer Tätigkeit am Theater wirkt Claudia Hübschmann auch in Film- und Fernsehproduktionen mit, unter anderem in dem Oscar-prämierten Kurzspielfilm »Spielzeugland« aus dem Jahr 2007 des Berliner Regisseurs Jochen Alexander Freydank. Außerdem spielte Claudia Hübschmann in vier Tatort-Folgen mit sowie in vielen weiteren Fernsehproduktionen.

Am Staatstheater spielt sie in der Spielzeit 2019/2020 unter der Regie von Anna Bergmann in dem Kammerspiel »Passion – Sehnsucht der Frauen« von Ingmar Bergman. Darin verwoben sind Geschichten aus Bergmans Filmen »Sehnsucht der Frauen« (1952) und Szenen aus »Wie in einem Spiegel« (1961) und »Eine Passion« (1969).

# BRONISLAVA VON PODEWILS

*Künstlerin*

ATELIER VON PODEWILS

*»Das Leben stellt seine Rätsel. Man nähert sich langsam an und bemerkt das ›Eigentliche‹ erst im Rückblick. Ich werde selbst manchmal überrascht von der eigenen Arbeit und welche neue Rätsel sie mir stellt. Die Idee einer Skulptur ist einfach – das Aushalten im Prozess ist schwierig: Da hilft nur Wellpappe flechten, Wellpappe flechten, Wellpappe flechten und weiter Wellpappe flechten. Jeden Tag muss man sich den Anfang und das Ende selbst setzen.«*

BRONISLAVA VON PODEWILS

# Ein unruhiger Geist

**Wir treffen uns im Atelier von Bronislava von Podewils in einem Hinterhof in der Viktoriastraße. Gerade hat sie einen Anruf bekommen, der ihr die frohe Nachricht verkündete, dass sie den Kunstpreis des Malerdorfs Grötzingen bekommen wird. Sie wird im Herbst 2020 eine Einzelausstellung in einer Grötzinger Galerie haben und außerdem achttausend Euro Kataloggeld erhalten. Eine frohe Botschaft und ein schöner Einstieg in unser Gespräch.**

**Bronislava, du arbeitest hauptsächlich mit Pappe, erschaffst figürliche Tierskulpturen aus vielen, vielen Schichten Pappe und Karton, aber auch abstrakte Wandreliefs, teilweise quadratische oder rechteckige Geflechte. Studiert hast du in Italien, in Carrara, wo du vermutlich eher mit Stein gearbeitet hast. Wie hast du dieses Material, die Pappe und den Karton, für dich entdeckt?**

In Italien habe ich nur mit Gips, Zement, Ton und auch Marmor gearbeitet. Das Arbeiten mit Stein war mir aber zu laut. Das ist so ein Lärm, wenn man den ganzen Tag an einem Stein arbeitet und mit dem Werkzeug darauf klopft.

Als ich hier in Karlsruhe mein Aufbaustudium begann, habe ich zunächst auch mit Ton und Gips gearbeitet. Einige Kollegen arbeiteten mit Pappe, so wurde ich inspiriert und hatte die Idee, auch damit zu arbeiten.

Mit Ortswechseln sind ja immer auch innere Umbrüche verbunden. So hat es sich ergeben, dass ich durch meinen Umzug nach Karlsruhe das Bedürfnis nach etwas Neuem hatte, nach einem anderen Material. Es liegt bei der Altpapiersammlung immer jede Menge an Pappe auf der Straße.

Außerdem bin ich gern unabhängig. Ich arbeite gern mit Material, für das ich niemanden benötige, der mir beim Transport hilft. Für das Gipsrelief hier hinten mit dem Strauß brauche ich vier Männer, um es zu transportieren.

**Wie kam es, dass du Bildhauerin geworden bist?**

Mit 14 Jahren war ich mit meinen Eltern in Rom und London und war fasziniert von den Skulpturen, die ich dort gesehen habe. Doch in meiner Familie war es nicht so gern gesehen, dass ich Künstlerin werde. Meine Mutter wollte, dass ich »etwas Vernünftiges« mache, ich sollte Biologie studieren. Doch das wollte ich nicht, trotzdem fügte ich mich und studierte zwei Jahre Jura in Freiburg. Doch ich merkte schon bald, dass wird nie was. Ich bin jemand, die immer ihr eigenes Ding machen muss. Wenn ich koche, schaue ich kurz in ein Kochbuch, überfliege das Rezept, dann mache ich es so, wie ich es denke. Ich koche nie nach Rezept, lasse mich nur inspirieren. Also war eigentlich klar, das wird nichts mit Jura. Kurz habe ich mit der Schauspielerei geliebäugelt, bin aber dann schnell bei der Kunst gelandet. Doch Malerei war mir zu wenig. Ich bin mehr der körperliche Mensch, und wenn Kunst, dann wollte ich Bildhauerin werden. Ich habe mich dafür entschieden, in Italien zu studieren, weil das Studium ein klassischeres Kunststudium ist als in Deutschland. Ich musste jedes Jahr eine Prüfung in Kunstgeschichte ablegen, musste Anatomiekurse belegen, damals hatten wir noch echte Skelette, die es heute vermutlich nicht mehr gibt, Tierköpfe, Embryos in Gläsern, das war zum Teil ein bisschen unheimlich. Aber es ging dabei auch um die Beobachtungsgabe. Die Accademia di Belle Arti di Carrara wurde 1769 von Maria

»Ich bin mehr der *körperliche* Mensch.«

BRONISLAVA VON PODEWILS

Malaspina gegründet, allein in den Räumen fühlt man sich wie im Museum. Die Aula Magna ist sechs bis acht Meter hoch, das war schon ein erhebendes Gefühl.

**Warum bist du nicht in Italien geblieben, sondern wieder nach Deutschland gekommen?**

Bevor ich nach Carrara ging, war ich ein Jahr in Siena an der Università per stranieri und habe italienisch gelernt. Ich war damals 24 Jahre alt und nach sieben Jahren Italien wollte ich schon wieder weg. Ein Ortswechsel macht viel mit einem und ich wollte eine Veränderung.

**Wie bist du dann nach Karlsruhe gekommen?**

Als ich Ende 2003 aus Italien weggegangen bin, war ich zuerst in Freiburg, wo ich mit einer Freundin zusammen ein Atelier hatte. Aber es ist sehr schwierig, als Künstlerin Fuß zu fassen, wenn man keine Verbindungen hat. An der Uni in Freiburg gab es nur eine Malklasse, die es inzwischen auch nicht mehr gibt. Also habe ich mich entschlossen ein Aufbaustudium an der Kunstakademie in Karlsruhe zu machen. Ich habe mich bei Stephan Balkenhol vorgestellt, weil ich bei ihm studieren wollte. Ich saß mit ungefähr 30 Personen im Raum, Als ich mich vorstellte, sagte er »nein«. Er saß mit dem Rücken zu mir und die anderen begannen, ihre Arbeiten vorzustellen. Ich dachte: »Egal, ich bleibe einfach sitzen, bis ich meine Sachen zeigen darf. Ich bleibe jetzt hier sitzen, bis alle dran waren.« Er saß mit dem Rücken zu mir und die anderen stellten sich alle vor. Als nur noch ich übrig war, ging ich nochmal zu ihm hin und er konnte auf Anhieb meinen Namen schreiben, ohne nachzufragen: Bronislava von Podewils. Als er dann meine Arbeiten sah, sagte er sofort ja. So kam ich nach Karlsruhe. Heute würde ich mir allerdings keinen Professor mehr suchen, sondern eine Professorin. Als ich hier studiert habe, gab es kaum welche, da hatte ich wenig Auswahl. Als Frau muss man sich im Kunstbetrieb behaupten, das ist manchmal schon schwer. Die Kunst verlangt Ernsthaftigkeit.

**Fühlst du dich wohl in Karlsruhe?**

Ich fühle mich sehr wohl hier. Ich finde, Karlsruhe hat eine sehr hohe Lebensqualität, ist nicht zu groß und nicht zu klein. Auch die Nähe zu Frankreich gefällt mir sehr gut. Ich bin froh, dass ich nicht mehr auf dem Land wohne. Hier kann ich alles zu Fuß oder mit dem Fahrrad erledigen. Ich wohne auch ganz nah am Atelier, nur fünf Minuten zu Fuß entfernt. Diesen Luxus werde ich vermutlich nicht mehr finden. Der Mietvertrag für das Atelier endet im Februar 2021, dann müssen wir vermutlich raus. Das Haus wurde innerhalb von zwei, drei Tagen an einen Investor verkauft. Wir sind hier so eine gute Ateliergemeinschaft mit vierzehn, fünfzehn Künstlerinnen und Künstlern. Vielleicht finden wir zusammen wieder etwas Neues.

**Warum hast du dir das Atelier als Ort für dieses Buch ausgesucht?**

Ich bin ein unruhiger Geist und suche immer die Ruhe. Darum ist dieses Atelier tatsächlich ein Lieblingsort von mir, weil es hier immer ruhig ist. Hier ist überhaupt kein Lärm. Ich komme morgens hierher, genieße die Stille und kann in Ruhe arbeiten.

15

## ATELIER VON PODEWILS

*in der Viktoriastraße*

Es ist tatsächlich unglaublich still hier. Und schön hell, im Sommer kann es allerdings auch sehr warm werden, weil man kein Fenster öffnen kann, sondern es nur ein Oberlicht gibt, durch das die Sonne herein knallt, wenn auch wegen der milchigen Scheiben etwas abgedämpft. Das Atelier ist im Hinterhof in einem Gebäude einer ehemaligen Schreinerei. Ein weiß gekalkter, schlichter Werkstattraum. Als ich mich mit Bronislava dort treffe, stelle ich mir vor, wie es früher hier gewesen sein mag. Ich höre die Kreissäge, das Klopfen und Hämmern, rieche das frisch bearbeitete Holz, das einen ganz besonderen Duft verströmt. Ein bisschen sieht es hier aus wie im Film, wie in der Werkstatt von Meister Eder, eine kleine, ruhige Oase im städ-

tischen Treiben. Wie schön, dass hier immer noch mit Werkstoffen gearbeitet wird und Künstlerinnen und Künstler ihnen neues Leben einhauchen. Statt nach Holz riecht es nach Pappe und Farbe, und es gibt keine Maschinen mehr, die Lärm machen. Seit 2007 arbeitet Bronislava von Podewils in diesem Raum. Im Hinterhof stehen zwei Gebäude: Ein kleines Häuschen, in dem früher mal ein Reisebüro war, bevor die Künstlergemeinschaft einzog. Jetzt wird es von einem Musiker belebt. Im hinteren Werkstattgebäude war nach der Schreinerei eine Druckerei und nun haben verschiedene Künstlerinnen und Künstler ihre Ateliers dort.

Die Viktoriastraße ist eine ruhige, relativ kurze Seitenstraße, die vermutlich häufig links liegen gelassen wird oder als Abkürzung genommen wird, wenn sich an der Ecke Sophienstraße/Reinhold-Frank-Straße mal wieder der Verkehr an der Ampel staut.

Sie wurde 1865 nach Victoria Prinzessin von Baden benannt. Sie war die einzige Tochter von Großherzog Friedrich I. und seiner Frau Luise. 1881 heiratete sie den Kronprinzen Oskar Gustav Adolf von Schweden. Die Straße verbindet die Reinhold-Frank-Straße mit der Leopoldstraße und wurde im Zweiten Weltkrieg stark bombardiert. Von 24 Häusern, zum Teil aus der zweiten Hälfte des 19. Jahrhunderts, waren zehn komplett zerstört.

Früher gab es hier mal den Viktoriagarten, eine Gaststätte, die seit 1888 existierte und damit die älteste in der Karlsruher Innenstadt war. Von 1951 bis 2007 wurde sie vom Gastwirt Moos bewirtschaftet. Als er sie aus Altersgründen abgab, überlebt sie das nur ein Jahr. Schon im November 2008 wurde sie »vorübergehend« geschlossen, allerdings für immer. Sie wurde zu einer Wohnung umgebaut und es erinnert nichts mehr an die schöne Gaststätte mit Biergarten und Weinlaube.

Heute haben sich viele Künstler mit ihren Ateliers oder Galerien in der Straße niedergelassen. An der Ecke zur Leopoldstraße gibt es noch einen kleinen Kiosk, in dem die Zeit stehen geblieben zu sein scheint.

*Über*

# Bronislava von Podewils

Ihren wundervollen Namen verdankt die 1970 geborene Bronislava von Podewils ihren polnischen Vorfahren: Die Podewils sind ein hinterpommersches Adelsgeschlecht mit gleichnamigem Stammhaus im früheren Landkreis Belgard. Die starke Verbreitung der Familie führte dazu, dass auch ein Zweig in Baden-Württemberg ansässig wurde. Der auf Edwin Karl Friedrich Bogislaw von Podewils (1819–1869) zurückgehende Zweig der württembergischen Freiherren von Podewils hat bis heute Bestand und seinen Stammsitz auf Schloss Leinstetten im Landkreis Rottweil. Mit diesem Zweig ist Bronislava direkt verwandt.

Als sie beschlossen hatte, Künstlerin zu sein, begann sie 1997 ihr Studium an der Accademia di Belli Arti di Carrara, Akademie der schönen Künste.

Die Ursprünge dieser Accademia liegen bei der Accademia di San Ceccardo, die Maria Teresa Cybo-Malaspina, Herzogin von Massa und Fürstin von Carrara, 1757 errichten ließ. Dort wurde Malerei, Bildhauerei und Architektur gelehrt. Der Bildhauer Giovanni Domenico Olivieri, auf dessen Vorschlag Malaspina die Akademie gründete, hatte bereits in Madrid die Gründung einer Kunstakademie initiiert.

Nach ihrem Diplom, das sie 2002 bei Franco Franki und Valerio Rivosecchi ablegte, kam Bronislava von Podewils 2004 nach Karlsruhe, um an der Staatlichen Akademie der Bildenden Künste ein Aufbaustudium bei Stephan Balkenhol zu absolvieren.

Seit 2007 hat sie ihr eigenes Atelier in der Viktoriastraße 12 und stellt im In- und Ausland aus.

# CLAUDIA HEINZLER

*Künstlerin*

BADISCHER KUNSTVEREIN

ESCLUSIVE

ESCLUSIVE

*Die Künstlerin Claudia Heinzler lebt seit siebzehn Jahren in Karlsruhe und mag sowohl ruhige Orte in der Natur, wie die Alb, als auch die Orte der Kunst, wie den Badischen Kunstverein. Beides sind für sie kleine Fluchten in der Stadt.*

# Wohltuendes Abtauchen

**Du hast lange überlegt, für welchen Ort du dich entscheiden sollst.**

Bei der Überlegung, welche Orte in KA für mich persönlich wichtig sind, taten sich zwei Aspekte auf, die jeweils mit meinen unterschiedlichen Rollen zu tun haben. Der eine war verbunden mit meiner privaten und familiären Sichtweise – beispielsweise in der Rolle als Mutter – und andererseits mit meiner Rolle als Künstlerin und meinem Interesse an zeitgenössischer Kunst. In Karlsruhe habe ich nie gearbeitet, auch zum Kunststudium war ich in einer anderen Stadt. Deswegen erschließen sich mir die Orte in der Stadt aus einer anderen Sichtweise, eher wie aus der einer Besucherin. Manchmal funktioniert Karlsruhe eher wie ein erweiterter Boxenstopp für mich.

**Warum hast du dich letztendlich für den Badischen Kunstverein entschieden?**

Mein Sohn ist älter geworden. Wir gehen nicht mehr zusammen an die Alb, um Staudämme zu bauen. Aber Spaß beiseite, ich schätze den Kunstverein mit seinem wichtigen, manchmal überraschenden Ausstellungsprogramm und seiner Thesensetzung zeitgenössischer Kunst. Und gleichzeitig ist er ein Ort, der für mich persönlich auch als sozialer Ort, als Treffpunkt funktioniert, an dem ich bei Ausstellungseröffnungen oder Veranstaltungen Freundinnen und Freunde treffe. Ich kann dort bei einem Glas Wein meine sozialen Kontakte in der Stadt pflegen, – auch mal mit Bar und DJ.

Also so betrachtet fließen beide Aspekte hier zusammen.

Und nicht zuletzt war die aktuelle Ausstellung der Künstlerin Mai-Thu Perret im Badischen Kunstverein, kuratiert von Anja Casser, ausschlaggebend für die Entscheidung. Sie unterstreicht explizit die Besonderheit des Ortes, auch die seiner Architektur.

**Kannst du das genauer beschreiben? Was zeichnet für dich die Besonderheit aus?**

Schon seine Lage ist besonders – an einer Straßenecke gegenüber der Kunsthalle, unweit vom Schloss und Botanischen Garten. Es ist ein historischer Ort, aber nicht erdrückend historisch. Die Architektur des Hauses ist eigen. Selbstverständlich reiht sich die Fassade in die Häuserfront der Waldstraße. Die Eingangstür ist eher unauffällig. Geht man hindurch, steht man in einem kleinen, wenig repräsentativen Windfang zwischen gekachelten Wänden vor einer breiten hohen Treppe. Der Blick geht nach oben. Erst während des Hinaufschreitens eröffnet sich der Raum akustisch wie visuell und peu à peu eine andere Welt. Ich freue mich immer wieder über das Zusammenspiel von historischer Architektur, eingebettet in eine gelungene moderne Renovierung und zeitgenössische Kunst.

Neben den anderen Hotspots, den renommierten großen Institutionen wie ZKM, Museum für Neue Kunst und Kunsthalle besticht der Kunstverein vor allem durch seine intime Atmosphäre. Die Ausstellungen sind konzentriert, oft Einzelpositionen. Einerseits meine ich damit das vielschichtige Programm des Kunstvereins, das sich mit gesellschaftsrelevanten Themen und aktuellen Ansätzen und Diskursen in der Kunst beschäftigt. Zum anderen ist es die Architektur und Atmosphäre des Orts.

Im oberen Bereich der Ausstellungsfläche reihen sich einzelne nahezu abgeschlossene Räume aneinander. Ohne Fenster zur Außenwelt bleibt die

*»Historische Architektur,*
eingebettet in eine gelungene
moderne Renovierung und
zeitgenössische Kunst.«

CLAUDIA HEINZLER

Konzentration auf die Kunst und den Raum. Dem Durchschreiten der Räume scheint eine gewisse Dramaturgie zu Grunde zu liegen mit Intro, Hauptthese und Finale im Waldstraßensaal, der mit seinen Fenstern zur Waldstraße wieder den Bezug zur Realwelt aufmacht.

Die an den großen Oberlichtsaal angrenzenden kleinen Räume erscheinen manchmal wie Nebenstränge einer Erzählung oder wie Randerscheinungen. Auf verschiedenen Ebenen findet eine Kommunikation zwischen dem Ort und den unterschiedlichen Medien der Ausstellung statt. Natürlich gibt es immer eine Kommunikation zwischen dem Ort und den Exponaten. Zum Beispiel in der aktuellen Ausstellung von Mai-Thu Perret. Die Objekte im großen Oberlichtsaal erscheinen wie Versatzstücke einer Narration oder wie real gewordene Objekte aus einem virtuellen Bühnenbild im Kontext der Architektur. Letztlich zeigt sich die Architektur mit jeder Ausstellung in einem anderen Licht. Die einzelnen hintereinander gelagerten Räume und Kabinette ermöglichen als Besucherin einen intimen Austausch mit den Exponaten – einen anderen, direkteren Zugang zur Arbeit der ausstellenden Künstlerinnen oder Künstlern, zum Prozess künstlerischen Arbeitens.

**Ich finde die unterschiedlichen Ebenen auch interessant, vor allem weil man zuerst nach oben gehen muss, um in die Ausstellungsräume zu gelangen und dann irgendwann entdeckt, dass es durch eine Seitentür auch wieder nach unten geht.**

Ja, direkt vom Foyer im ersten Stock ist der Lichthof im Untergeschoss zugänglich. Auf der Galerie neben der Treppe, die nach unten führt, sieht man von oben auf die Ausstellung im hellen lichtdurchfluteten Innenhof. Manchmal bespielt von jungen Künstlerinnen und Künstlern mit Bezug zu Karlsruhe.

**Kommst du oft hierher?**

Nun, ich plane nicht immer hierher zukommen. Wenn ich in der Stadt bin, entscheide ich mich oft spontan für einen Besuch. Es ist wie ein kurzes wohltuendes Ein- und Abtauchen. Aber ich komme schon recht regelmäßig und versuche, jede Ausstellung zu besuchen.

**Wie lange lebst du in Karlsruhe?**

Karlsruhe und die Region kenne ich seit meiner Kindheit. Ich bin in Malsch aufgewachsen und in Ettlingen zur Schule gegangen. Mir war der Name der Stadt vertraut. Aber was sich jenseits der Kaiserstraße abspielt, also dass es ein Leben jenseits dieser Haupteinkaufsstraße gibt, das habe ich erst später erfahren und kennengelernt.

Nach einem kurzen Intermezzo Mitte der 1990er Jahre wohne ich hier seit 2001. Im Grunde habe ich mich nicht bewusst entschieden, hier zu leben, sondern es ist aus den Gegebenheiten geboren, dass ich hier gelandet bin. Nach meiner Studienzeit in München fiel es mir am Anfang schwer, hier zu leben.

**Und was gefällt dir jetzt an Karlsruhe?**

Obwohl es keine Metropole ist, sondern gemütlich und überschaubar, bietet Karlsruhe ein vielschichtiges kulturelles Angebot. Ausstellungsorte auf höchstem Niveau mit Programmen zu aktuellen Diskursen, sowohl institutionell als auch in einem breiten Angebot von OffSpaces und aktiver Subkultur, gespeist von Studierenden und Absolvent*innen der beiden Kunsthochschulen, der jungen Hochschule für Gestaltung und der Kunstakademie mit ihrer langen Tradition.

Und das ganze gepaart mit vielen schönen Fluchten in oder nahe bei der Stadt, beispielsweise die Alb. Südlich der Günther-Klotz-Anlage gibt es einen kleinen Strand an der Alb oder weiter Richtung Westen mit dem Rad findet man unglaublich schöne Stellen. In meiner Nähe sind das Schlosspark, Botanischer Garten und Hardtwald, die ich gern zum Joggen nutze. Das ist eine gute Mischung. Außerdem gibt es unglaublich schöne Straßenfluchten, Ecken und Plätze hier. Ich finde es genial, dass sich Karlsruhe immer mehr zur Fahrradstadt entwickelt.

Last but not least ist Karlsruhe geografisch gut gelegen in der Nähe zu Frankreich, unweit der Schweiz.

16

## BADISCHER KUNSTVEREIN

»Kunstvereine sind seit ihren Anfängen ein unverzichtbarer Bestandteil unserer reichen Kulturlandschaft. Ein Kunstverein hat, anders als etwa ein Museum, keine Sammlung zu pflegen, ist nicht dem Bewahren und der wissenschaftlichen Aufarbeitung verpflichtet. Von Anfang an war das Anliegen der Kunstvereine der Austausch, die Vermittlung zwischen Kunst und Öffentlichkeit. Sie wurden gegründet als Orte des Dialogs, an denen sich die Kunstwelt der Gesellschaft und die Gesellschaft der Kunstwelt öffnete«, so Staatssekretärin Petra Olschowski am 1. Mai 2018 anlässlich des 200. Jubiläums des Badischen Kunstvereins Karlsruhe: »Kunstvereine sind für mich nicht nur Orte der Freiheit und Offenheit, sondern auch Orte des Mutes – auf Seiten der Kuratoren, der Künstler und Betrachter. Und genau diesen Mut brauchen wir heute. Künstle-

rische Experimente eröffnen auch gesellschaftliche Perspektiven, die keine andere öffentliche Plattform – sei sie politisch oder wissenschaftlich – so ermöglichen könnte«.

Anfang des 19. Jahrhunderts gründeten kunstinteressierte Bürger und Künstler die ersten Kunstvereine. War es vorher hauptsächlich dem Adel vorbehalten, sich mit Kunst zu beschäftigen und sie zu sammeln, strebte nun das Bürgertum danach. Und wollte Kunstinteressierten die Möglichkeit geben, einen Einblick in die zeitgenössische Kunstproduktion zu erhalten und außerdem den Verkauf der Kunstwerke unterstützen und fördern.

Der Badische Kunstverein ist der älteste in Baden-Württemberg und der zweitältestes in Deutschland. Etwas mehr als hundert Jahre nach Gründung der Stadt wurde der »Verein für bildende Künste« gegründet, am 1. Mai 1818. Auch wenn die Gründung des Vereins ein Ausdruck von Emanzipation der Kunst von Kirche und Adel war, so ganz ohne ihn ging es nicht: Zu den Gründungsmitgliedern gehörten unter anderem Markgraf Leopold und sein Bruder Wilhelm sowie weitere Adlige, hohe Beamte, Offiziere und Generäle. Dazu kamen Kaufleute, auch Professoren und Künstler, wie der Maler Carl Ludwig Frommel, der vor allem für seine Landschaftsbilder berühmt war. Mitglieder aus dem bürgerlichen Mittelstand oder der Arbeiterschaft fehlten. Bis 1823 war der Verein der Museumsgesellschaft angegliedert. In ihren Räumen fanden die ersten Ausstellungen statt. 1823 konnte der Verein das ehemalige Kadettenhaus in der Waldstraße 3 unweit des

Schlosses erwerben, 1899 wurde es abgerissen. Dank der Finanzierung von Großherzog Friedrich I. konnte ein neues Gebäude an derselben Stelle gebaut werden. In einer feierlichen Zeremonie übergab er 1900 das Haus dem Verein »auf unbestimmte Zeit«. Damit man nie vergaß, woher die Spende kam, ließ Friedrich das auf der Fassade des Hauses in goldenen Lettern verewigen. Doch nicht nur dort begegnet man ihm. Auch an der historischen Pforte zu dem großen Oberlichtsaal im Obergeschoss prangt sein Antlitz in einer mit Goldrocaille reich verzierten Supraporte.

Gewonnen hatte den Architekturwettbewerb für das Haus das Büro Curiel & Moser, gebaut wurde es allerdings auf Wunsch von Friedrich I. vom Durlacher Architekten Friedrich Ratzel (1869–1907), der Zweiter geworden war.

Das Gebäude hat eine neobarocke Sandsteinfassade, die mit Vergoldungen verziert wurde. Die Eingangstüren sind in Kupfer getrieben. Die Innenräume waren ursprünglich mit farbigen Stofftapeten bespannt, Sessel und Sitzbänke sollten zum Verweilen einladen und die wohnlich gestaltete Inneneinrichtung den geselligen Charakter des Vereins betonen.

Bis heute engagiert sich der Verein in der Vermittlung und Förderung zeitgenössischer Kunst. Rund 1.200 Mitglieder unterstützen ihn dabei. Seit 2007 ist Anja Casser Direktorin des Badischen Kunstvereins. Sie beschreibt ihn als ideale Plattform für einen diskursiven und risikofreudigen Umgang mit aktueller Kunst. Mit ihrem Team organisiert und kuratiert sie acht bis zehn Ausstellungen pro Jahr. Es gibt außerdem ein vielseitiges Programm für Lehrer und Schüler, Mitgliedern werden Kunstreisen angeboten, sie haben aber auch die Möglichkeit, ihre eigenen Werke in regelmäßigen Mitgliedsausstellungen zu präsentieren. Es gibt umfangreiche Rahmenprogramme zu den Ausstellungen und eigene Publikationen. Eine Präsenzbibliothek zur zeitgenössischen Kunst steht der Öffentlichkeit während der Bürozeiten zur Verfügung sowie zahlreiche Zeitschriften und Informationsmaterial im Foyer.

*Über*

# Claudia Heinzler

»Der Spagat zwischen Lehre, Familie und eigener künstlerischer Arbeit ist nicht immer einfach«, sagt die 1968 in der Nähe von Karlsruhe geborene Künstlerin Claudia Heinzler.

Sie pendelt zwischen Karlsruhe, wo sie wohnt, und Stuttgart, wo sie an der Staatlichen Akademie der Bildenden Künste in der Werkstatt für Glasmalerei und Glasbearbeitung in der Fachgruppe Kunst lehrt: »In beiden Städten – Stuttgart und Karlsruhe – ein Standbein zu haben, ist zwar durch die Pendelei manchmal anstrengend, aber letztlich bereichernd.«

In der Hochschulpolitik engagiert sie sich außerdem als stellvertretende Gleichstellunsbeauftragte für das künstlerisch-wissenschaftliche Personal.

Nach dem Abitur, Reisen und sozialpolitischem Engagement (FSJ) führte ihr Weg über eine handwerkliche Berufsausbildung zur Glaserin und Glasmalerin an der Staatlichen Glasfachschule in Hadamer zum Kunststudium an der Akademie der Bildenden Künste in München. 2003 legte sie dort als Meisterschülerin bei Hermann Pitz ihr Diplom ab.

Für Lehraufträge reiste sie nach Hangzhou, China, und an die Villa Arson in Nizza.

»Die Lehrtätigkeit und meine künstlerische Arbeit laufen parallel und beeinflussen sich auch gegenseitig. Neben meiner Lehrtätigkeit setze ich den Fokus wieder verstärkt auf meine eigene künstlerische Arbeit – Entwicklung, Projekte, Ausstellungen, Wettbewerbe. Meine künstlerische Praxis ist konzeptbasiert und bewegt sich in den Bereichen Installation, Objekt und sitespecific art, also ortsbezogenen Projekten, unter anderem Kunst am Bau. Mich interessiert das Spannungsfeld von realen und imaginären Räumen. In meiner Arbeit hinterfrage ich Raumwahrnehmungen und kombiniere reale und irreale Räume und deren gegenseitige Bedingtheit.«

# MARIE MADELEINE NOISEUX

*Künstlerin*

SCHWANENSEE IM ZOOLOGISCHEN STADTGARTEN KARLSRUHE

*»Prendre les couleurs, par un beau matin, entouré de silence, d'ombres et de lumières. Prendre ce chemin où une main parcourt un espace, inconnu encore et encore, d'un papier ou d'une toile. Prendre le vent qui nous mène vers ces terres oubliées. Prendre le temps de prendre le temps toujours le temps d'une vie. Prendre ces couleurs qui me mènent enfin à vous.«*

MARIE MADELEINE NOISEUX, Saint-Placide 2002

# Schöne Langeweile

**Nach einer Hitzeperiode ist die Luft an diesem Morgen kühler. In der Nacht hat es geregnet, die Luft ist klar und gereinigt. Wolken ziehen unter dem blauen Himmel vorbei, es weht ein leichter Wind, der das Wasser des Schwanensees still bewegt. Ein eher norddeutsches Wetter und Licht, selten ist es so bei uns in Karlsruhe. So, stelle ich mir vor, ist das Wetter oft in Kanada.**

**Wir treffen uns vor dem Haupteingang des Stadtgartens am Bahnhof. Ein wenig aufgeregt führt uns Marie Madeleine Noiseux ans Wasser: »Diese Stelle findet man nirgendwo in Karlsruhe, man ist im Zoo, aber doch nicht. Die anderen sind weit weg.« Es ist ein wundervolles Plätzchen direkt am Wasser, versteckt im Schutz alter Bäume. Eine betagte Buche reckt ihm ihre schweren Äste entgegen, als wollten sie davon trinken. Die Blätter rauschen im Wind, ein Geräusch, das ich sehr liebe. Neugierig kommen ein paar Enten angeschwommen und lauschen mit mir zusammen den Worten von Marie Madeleine, die mit schönem französischem Akzent spricht:**

Ich bin in Montréal in der Provinz Québec in Kanada geboren und aufgewachsen. Das ist eine kosmopolitische Großstadt mit zwei Millionen Einwohnern.

Die Provinz ist einer der größten Wasserspeicher der Welt, für jeden zweiten Einwohner gibt es einen See. Ich bin sehr gern im Wasser, aber darauf nicht. In meiner Kindheit verbrachte ich die Sommer bei meinen Großeltern, sie hatten ein Sommerhaus in Saint-Placide Sur le Lac des Deux Montagnes. Der Lac des Deux Montagnes bildet das Mündungsdelta des Ottawa Rivers. Ich durfte das Grundstück nicht verlassen, aber es hatte einen Zugang zum Wasser. Da war ich natürlich unter Aufsicht. Es war so laaangweilig dort, kein Freund, kein Spiel. Dann wird man erfinderisch. Also sah ich dem Gras beim Wachsen zu. Langweilig, und irgendwie schön. Es gab viel zu beobachten: der Flug der Möwen über das Wasser, die Blätter, die sich im Wind bewegten, so lernt man das Wetter vorherzusagen, das Wasser, wie es gegen das Ufer plätscherte, wie die jungen Fische schlüpfen, die schwarzen Gerris über das Wasser gleiten. Und dann hatte ich doch einen Freund – eine weiße Ente. Sie war allein und ich auch. Zusammen waren wir am Wasser und haben uns Geschichten erzählt. Sonst bin ich am Kai gesessen mit den Füßen im Wasser und habe der Welt zugeschaut. Den Anglern, die mit ihrem Fang zurückpaddelten, den Segelschiffen, die vorbeifuhren, und ich habe versucht zu sehen, was vom anderen Ufer bei gutem Wetter zu uns kommt.

Zu neuen Ufern aufzubrechen war irgendwie selbstverständlich für mich. Als junge Frau hatte ich mit 18, 19 Jahren einen Sommerjob bei den kanadischen Streitkräften in Lahr. Nach meiner Ausbildung bin ich nach Paris und habe dort acht Jahre als freischaffende Künstlerin gelebt. Dann bin ich für eine Weile nach New York und dann wieder nach Québec. Beruflich war ich oft in Frankreich, doch irgendwann war ich die Rumreiserei leid. Ich habe mein Haus verkauft und überlegt, wo ich hingehen soll. Ich wollte irgendwo nach Frankreich, wusste aber nicht genau wohin. Dann gab es plötzlich viele kleine und große Zeichen, die mich nach Straßburg führten. Immer wieder tauchte diese Stadt auf, sogar auf einem Scheck meiner kanadischen Bank. Also bin ich 2002 nach Straßburg.

Ich trage meine Kindheit in Saint-Placide wie einen Schatz in meinem Herzen. Aber wieder dort leben ist kein Wunsch von mir. Nach so vielen Jahren im Ausland habe ich mich irgendwie verändert und Saint-Placide auch.

»Man muss sich *Zeit nehmen*, um die Dinge zu beobachten.«

MARIE MADELEINE NOISEUX

In Straßburg habe ich meinen Mann kennengelernt und bin dann 2004 zu ihm nach Karlsruhe gezogen. Ich möchte gern hier bleiben, habe meinen Freundeskreis hier, bin beruflich anerkannt und habe mittlerweile die deutsche Staatsbürgerschaft.

Vor etwa sieben Jahren entdeckte ich diesen Ort hier im Zoo. Das war sofort mein Ort. Man muss sich Zeit nehmen, um die Dinge zu beobachten. Hier ist es so still, irgendwie versteckt. Ein Zoo ist für mich wie eine Zeitkapsel, ein Zwischenraum. Die Lage des Karlsruher Zoos ist einmalig, Wildnis mitten in der Stadt. Zwischen Garten und Tieranlage finde ich immer Motive für meine Bilder, irgendwie eine Verbundenheit zwischen Karlsruhe und Saint-Placide.

17

## SCHWANENSEE

*im Zoologischen Stadtgarten Karlsruhe*

Der Karlsruher Feuilletonist Hubert Doerrschuk (1910–1999) alias Amadeus Siebenpunkt bezeichnete den Stadtgarten als »grünes Herzstück« der Stadt, als »eine Naturinsel inmitten des geschäftigen Zentrums mit Blumenwiesen und Tiergehegen, Zierkirschen und Rosenbeeten, Spazierwegen und Spielplätzen, mit Schwanenteich und schwimmenden Gondeln auf dem See, mit Promenadenkonzerten und dem künstlichen Hügel des Lauterbergs, wo sich seit Generationen die Liebespaare treffen. Der Stadtgarten mit Zoo ist ein Garten der Erinnerung für alle Karlsruher«. Auch Marie Madeleine Noiseux findet hier im Stadtgarten Erinnerungen an ihre Kindheit, wenn sie versteckt unter den alten Bäumen am Wasser auf der hölzernen Seeuferterrasse sitzt. Im Gegensatz zum See ihrer Kindheit ist der Schwanensee zwar nur eine Pfütze und die Terrasse keine Bootsanlegestelle, aber aus der Perspektive ihres schönen Platzes gewinnt der See an Weite und Größe, und kleine Boote finden sich auch darauf. Früh am Morgen ruhen sie noch aufgereiht auf dem See, irgendwann verschwinden die letzten hinter einer Windung im Verbindungskanal zum Stadtgartensee im dichten Laub der Bäume. Es ist ein lauschiger, idyllischer Ort, vor allem so früh am Morgen. »Ich bin eine Frühaufsteherin, ich komme oft frühmorgens hierher«, erzählt Marie Madeleine.

Dabei war es hier ursprünglich gar nicht so idyllisch. Als 1893 ein Wasserhochreservoir für die Bewohner der Südstadt gebaut wurde, entstand durch den Aushub ein See und durch die Aufschüttung der Lauterberg, in dem das Wasser gespeichert wurde und an dessen Fuß der See liegt. Er wurde zuerst »Rennbahnsee« genannt und hatte eine ovale Form. Um ihn herum verlief eine Radfahrerbahn, die im Mai 1890 eröffnet, aber nach sechs Jahren wieder geschlossen wurde. Danach wurden Gelände und See neu gestaltet und der See umbenannt in »Schwanensee«. Warum man ihm diesen Namen gab, konnte ich nicht herausfinden. Vermutlich hatten dort einige Schwäne ihr Zuhause gefunden. Oder er verhieß einfach nur eine Idylle. Heute könnte er auch »Karpfensee« heißen, denn es schwimmen sehr viele davon im See herum. Wenn man verträumt in einer Gondoletta über den See schippert, sollte man besser nicht seine Hände im Wasser gleiten lassen. Hungrige Karpfen könnten sie leicht verwechseln.

Durch den Aushub war aber noch ein zweiter See entstanden: der Lautersee, etwas weiter südlich. Für den Bau des neuen Hauptbahnhofs musste er 1909 wieder zugeschüttet werden.

Der Lauterberg verdankt seinen Namen Wilhelm Florentin Lauter (* 1821), der von 1870 bis zu seinem Tod 1892 Oberbürgermeister von Karlsruhe war. Während seiner Amtszeit wurde mit dem Bau begonnen, er starb vor seiner Vollendung.

Der Schwanensee liegt unmittelbar am Haupteingang im Süden des Stadtgartens. An seinem Ufer befindet sich die Anlegestelle der Gondoletta, der seilgezogenen Boot-

bahn, die es seit der Bundesgartenschau 1967 gibt.

Versteckt auf einer kleinen Insel des Sees, die nur im Winter über einen Steg begehbar ist, steht eine Skulptur des Bildhauers Otto Feist, die er von 1917 bis 1919 erschaffen hat: Kindergruppe mit Schwan.

Am westlichen Ufer des kleinen Sees spaziert man durch die schöne alte Platanenallee vorbei an Wiesenflächen, auf denen es sich meist die Enten und Gänse gemütlich machen, hinauf Richtung Japangarten. Am östlichen liegt der Lauterberg, und dann beginnen die Tiergehege des Zoos mit der Seelöwenanlage, der noch ältesten bestehenden Anlage.

Als wir uns auf einer Bank auf der Holzterrasse am See unterhalten, kommt eine neugierige Gans auf uns zugelaufen und stellt sich direkt hinter die Lehne der Bank. Die Wiese liegt etwas erhöht, so dass sie uns über die Lehne bequem beobachten kann. Sie ist ganz nah bei uns, als würde sie uns aufmerksam zuhören, und geht auch nicht wieder weg. Gänse gehören zu den Lieblingstieren von Marie Madeleine, und es gibt viele davon am See ihrer Kindheit. Vielleicht konnte die Gans ihre Gedanken lesen und schickt ihr einen Gruß.

*Über*

# Marie Madeleine Noiseux

»Alleine, von der Natur überwältigt, so stellt meine Arbeit den Menschen zwergenhaft in der Landschaft der Malerei dar.«

Die 1952 in Montréal in Kanada geborene Künstlerin pendelte einige Jahre zwischen Europa, Kanada und den USA. Von 1979 bis 1982 studierte sie in ihrer Heimatstadt an der Université du Québec in Montréal Bildende Kunst. Nach ihrem Studium lebte sie acht Jahre in Paris, hatte ein eigenes Atelier und arbeitete als freischaffende Künstlerin. Es folgte ein Aufenthalt in New York, bevor sie wieder zurück nach Kanada ging. Dort studierte sie Kunstgeschichte und Fotografie, hatte ein Atelier im Dorf ihrer Großeltern, in Saint-Placide am Lac des Deux Montagnes. Die erfolgreiche Zusammenarbeit mit einer Galerie bei Paris führte sie immer wieder nach Europa. Irgendwann entschloss sie sich, ihre Zelte in Kanada abzubrechen und endgültig in Frankreich zu leben. 2002 zog sie nach Straßburg, seit 2004 lebt sie in der Karlsruher Nordweststadt.

Ihr Atelier hat sie im Stadtteil Knielingen im Erdgeschoss eines unscheinbaren Zweifamilienhauses. Ein wunderbar ruhiger Ort, nur ab und zu rattert die Bahn aus der oder in Richtung Pfalz hinter dem Haus vorbei. Ihre Bilder haben mich sofort eingefangen. Es sind Bilder, in die man eintauchen kann, vor denen man lange verweilen kann. Farben werden einfach gegossen und so entstehen Acrylschichten, die mehrfach übereinander gelagert werden, teilweise wieder abgetragen. Die Motive in der gewaltigen Farbmasse ähneln Tuschzeichnungen oder Holzdrucken. Ihre Heimat verewigt sie in jedem ihrer Bilder in Form von Wasser, Tieren oder Landschaft. Es sind ausdrucksstarke, sehnsuchtsvolle Bilder. In zahlreichen Gruppen- und Einzelausstellungen in Deutschland, Frankreich, den USA, Italien und Kanada stellt sie ihre Werke immer wieder aus, sie sind in öffentlichen und privaten Sammlungen in Europa, China, Japan, den USA und Kanada vertreten.

# AZUSA TAKASO

*Keramikerin*

BURGBRUNNEN AM TURMBERG
KARLSRUHE – DURLACH

*»Die Inspiration meiner Arbeit liegt in einem Alltag, wo Träume plötzlich endlos gedeihen. Ich versuche diese kostbaren Momente ins Material Ton zu setzen. Jedes Stück wird per Hand lebendig glasiert. Bei der Bemalung, überwiegend in zartem Schwarz oder Blau, führe ich den Pinsel entschieden und zügig auf noch feuchter weißer Glasurschicht, so wie beim Prozess der Tuschmalerei.«*

AZUSA TAKASO

# Ein Stück Japan

**Wir sitzen an einem sonnigen Sommermorgen auf der Aussichtsterrasse des Turmbergs. Azusa ist zu Fuß auf den Berg gekommen: »Ich laufe gern den Weg zum Brunnen. Er ist steil und hat viele Treppen, die ich nie gezählt habe. Dort zu gehen ist wie eine Meditation. So wie sich der Rhythmus meines Atems beim Gehen allmählich ändert, fliegen alle Gedanken weg. Mit ruhigem und leichtem Herz komme ich zur Wasserstelle.« Die Quelle, aus der sie jeden Morgen Wasser schöpft, liegt ein wenig unterhalb des Gipfels. Bevor wir die Aussicht genießen, sind wir hinunter zum Brunnen gelaufen und haben Wasser geholt. Der Weg führt durch den Wald, gleich neben der Bergstation der Turmbergbahn zweigt er ab.**

**Azusa, du wohnst in Durlach und hast hier auch dein Atelier. Wie lange schon?**

Seit sechs Jahren. Ich habe zuerst in der Lessingstraße in der Weststadt gewohnt. Als ich mit meiner Ausbildung begonnen habe, musste ich nach Stuttgart in die Berufsschule. Wir haben so lange in Stuttgart gewohnt und sind dann wieder zurück. Zuerst nach Grötzingen und dann nach Durlach.

Mein eigenes Atelier habe ich seit 2013 in Durlach. Meine Ausbildung zur Keramikerin habe ich in Oberderdingen bei Bretten bei einem Kunstkeramiker gemacht. Er hat mich genommen, weil ich schon über 30 Jahre alt war. Ich habe nach meiner Lehre noch ein Jahr bei ihm gearbeitet, dann war ich ein Jahr arbeitslos. Das Arbeitsamt hat mir empfohlen, eine Ich-AG zu gründen. So habe ich mich 2006 selbstständig gemacht. Am Anfang hatte ich mein Arbeitszimmer in unserer Wohnung und den Brennofen bei meinen Schwiegereltern in Mannheim. Mein Schwiegervater war Schlosser und hatte noch eine Werkstatt, wo ich den Ofen aufstellen konnte. Jetzt habe ich alles hier in meinem Atelier.

**Wie hast du den Brunnen auf dem Turmberg entdeckt, und warum holst du dir dort das Wasser?**

Jemand hat mir erzählt, dass das Wasser dieser Quelle sehr gut für Tee ist. Das Leitungswasser in Karlsruhe ist viel zu hart für guten Tee. Mit dem Wasser schmeckt er nicht gut. Ich trinke morgens immer lauwarmen grünen Tee. In Japan sagt man, dass man nach dem Aufstehen ein Getränk in Körpertemperatur trinken soll, damit die Organe aufwachen. Wir trinken meistens Tee, man kann aber auch nur lauwarmes Wasser trinken. Zum Frühstück trinke ich dann Earl Grey mit Ingwer. Tagsüber wieder grünen Tee, den ich aus Japan mitbringe. Meine Mutter lebt dort und ich versuche, alle acht Monate hinzureisen. Wenn ich frühmorgens durch den Wald zum Brunnen laufe und mein Wasser hole, ist die Luft noch feucht und es ist ganz friedlich. Die Vögel zwitschern und die Stadt ist noch ruhig. Für einen kurzen Moment habe ich dann das Gefühl, in Japan zu sein. Karlsruhe ist sehr angenehm, trotzdem habe ich immer Heimweh. Aber das wirkt sich positiv auf meine Arbeit aus. Die Sehnsucht nach Japan spiegelt sich in meinen Objekten.

**Inwiefern?**

Ich denke, nicht bewusst, aber ich mache Keramik, wie man sie in Japan macht. In der japanischen Denkweise hat jede Sache, jedes Lebewesen eine

Seele. Jeder ist anders und jeder ist schön, so ist das auch mit der Keramik. Man hat zum Beispiel nicht so ein einheitliches Geschirr wie in Deutschland, sondern ein Sammelsurium an unterschiedlichen Schalen. Auch meine Schalen, Teller, Krüge und Vasen sehen immer anders aus, kein Teil ist identisch mit dem anderen. Mal ist eine Schale ein bisschen größer, mal ein bisschen kleiner, sie sind nie gleich groß. Auch die Glasur sieht bei jedem Teil anders aus. Ich glasiere von Hand, darum hat auch jedes Teil einen Fingerabdruck.

In Japan gibt es keinen Unterschied zwischen Gebrauchskeramik und Kunst, jedes Stück ist wichtig.

Ich habe immer eine kleine Geschichte zu jedem Teil. Dieser Krug, den ich dabeihabe, den habe ich für die Kulturmeile in Grötzingen gemacht. Durch Grötzingen fließt die Pfinz und darum heißt der Krug auch so: die Pfinz. Die wellige Form des Krugs stellt die Bewegung des Wassers dar, die blau-grüne Glasur gleicht den Farben des Flusses und des Schilfs und den Gräsern, die sich im Wasser spiegeln.

In Deutschland ist die Distanz zu Keramik größer als in Japan. Man isst mit Messer und Gabel und berührt den Teller nicht, in Japan hat man das Geschirr in der Hand. Es muss sich schön anfühlen. In Japan verwendet man einen anderen Ton. Die Tonmasse meiner Heimatregion Mino ist viel grober und trockener als die deutsche. Sie ist sehr geeignet dafür, um einen guten Tee zu genießen. Zur Zeit verwende ich eine Glasur aus verschiedenen Gesteinen, die ich selbst entwickelt habe. Ich möchte zukünftig mit einer eigenen Tonmischung und eigenen Holzascheglasuren experimentieren, um Schalen zu machen, aus denen der Grüntee gut schmeckt. Hier haben so viele Menschen einen offenen Kamin oder Holzofen. Ich habe mir überlegt, sie zu fragen, ob ich ihre Asche haben kann, dann kann ich meine Glasur damit herstellen.

»Ich laufe gern den Weg zum Brunnen. Dort zu gehen ist wie eine *Meditation*.«

AZUSA TAKASO

18

## TURMBERG IN DURLACH

Viele Sagen ranken um den Turmberg, doch kaum jemand erinnert sich noch an sie, langsam gehen sie verloren. Man erzählte sich Geschichten vom Turmbergriesen und von gespenstischen Kegelspielern, die mit reinen Silberkugeln spielten. Ein Metzger fand so eine Kugel und kaufte sich damit ein Feld am Hang des Turmbergs. Dieses Gewann heißt seitdem »Silbergrube«. Und auch die Straße »An der Silbergrub«, die von Grötzingen hinauf auf den Berg führt, erinnert daran. Geisterheere trieben ihr Unwesen: Ein Durlacher Bürgermeister war mitten in der Nacht auf dem Turmberg unterwegs, als eine Schar wilder Reiter mit donnerndem Lärm auf ihn zu raste. Er warf sich erschrocken zu Boden und hielt sich die Ohren zu. Am nächsten Tag fand man ihn immer noch am Boden liegend. Er hatte die Attacke überlebt und die Bewunderung seiner Bürger war ihm von nun an sicher.

Erklomm man früher den Berg über die über fünfhundert Stufen des »Himmelsstäffele« oder »Hexenstäffele«, soll man Bergnymphen singen gehört haben. »Staffel« ist im süddeutschen Sprachraum die Bezeichnung für Treppe. »Himmelsstäffele« heißt dieser Treppenweg vermutlich, weil er symbolisch in den Himmel führt, auf den Berg hinauf, wo man dem Himmel näher ist. »Hexenstäffele« ist wahrscheinlich der ältere Name und geht vielleicht zurück auf die singenden Nymphen. Das Hexenstäffele, ein Treppenweg mit 528 Stufen, führt von der Posseltstraße etwa hundert Meter rechts der Talstation der Turmbergbahn auf direktem Weg hinauf auf den 277 Meter hohen Hausberg der Durlacher, er wurde 1781 angelegt.

Ist man oben auf dem Berg angekommen, wird man mit einer atemberaubenden Aussicht belohnt. Durlach und Karlsruhe liegen einem zu Füßen, je nach Wetterlage schweift der Blick über die gesamte Bergkette der Pfälzer Hardt, die Vogesen und die Rheinebene. Bei guter Sicht reicht er vom Aussichtsturm der Burgruine bis nach Straßburg und über den gesamten Nordschwarzwald.

Als ich vor einigen Jahren in Durlach wohnte, bin ich oft die Stufen hinauf gestiegen. Einmal mit meinem Mann an einem Sommerabend, um im damaligen Restaurant Klenerts essen zu gehen. Als wir zurückgingen, war es dunkel geworden. Kein Mondlicht wies uns den Weg, kein Stern war zu sehen. Es war stockfinstere Nacht. Das Stäffele ist nicht beleuchtet, kein Weg am Turmberg ist es. Wir tasteten uns vorsichtig den Berg hinab und kamen uns vor wie im Dschungel. Wenn man nichts sieht, nimmt man die Geräusche um sich herum viel intensiver wahr. Da krächzten Vögel, da raschelten Tiere im Unterholz, eine leichte Abendbrise ließ die Blätter der Bäume rascheln. Ein unvergessliches Erlebnis. Als wir wohlbehalten unten ankamen, hatten wir das Gefühl ein Abenteuer überstanden zu haben, und wer weiß, vielleicht waren es auch die Bergnymphen, die uns mit ihrem Gesang begleitet haben.

Um zum Trinkwasserbrunnen zu gelangen, an dem Azusa ihr Wasser für den Tee holt, muss man wieder ein Stück den Berg hinablaufen. Er steht in der Reichardtstraße auf halber Höhe zum Turmberg in einer scharfen Kurve. Weil er ab 1752 die Bewohner des Schlosses Augustenburg mit Trinkwasser versorgte, gab man ihm den Namen »Burgbrunnen«. Dieses Schloss gehörte einmal der Mutter des Karlsruher Stadtgründers und liegt heute im Stadtteil Grötzingen. 1891 kaufte es der Maler Otto Fikentscher. In dem großen Anwesen lebten und arbeiteten viele Künstler, und auch im malerischen Dorf siedelten sich Maler an und verbrachten dort die Sommermonate. Fast gleichzeitig mit Worpswede und Dachau entwickelte sich eine Künstlergemeinschaft, wodurch sich das Dorf Grötzingen den Ruf eines »Malerdorfs« erwarb.

*Über*

# Azusa Takaso

Die 1968 in Nagoya geborene Keramikerin lebt seit 1997 in Karlsruhe. Nagoya, die Stadt »zwischen den Hauptstädten«, der heutigen Hauptstadt Tokyo und der alten Kaiserstadt Kyoto, ist das viertgrößte Industriezentrum Japans mit über zwei Millionen Einwohnern. Aufgewachsen ist sie in der Region Mino, nordöstlich von Nagoya.

Sie hat französische Linguistik und Literatur an der Universität für Fremdsprachen in Kyoto studiert. »Mich haben schon als Jugendliche französische Filme und französische Chansons interessiert, die Kunst und die Gedichte des 19. Jahrhunderts sind so wunderbar melancholisch. Darum wollte ich gern Übersetzerin werden. Ich wollte für ein Jahr nach Frankreich und danach zurück nach Japan. Doch dann habe ich im Sprachvorbereitungskurs für mein Studium in Frankreich in Dijon meinen Mann kennengelernt, der wegen seiner Diplomarbeit dort war. Als er zurück nach Karlsruhe ging, wo er studiert hat und auch arbeitet, blieb ich in Dijon und bin zwei Jahre gependelt. Als ich mich entschieden hatte, ihn zu heiraten, hatte ich gerade meine Sprachprüfung abgelegt und hätte endlich studieren können. Ich bin zu ihm nach Karlsruhe gezogen und habe an der Universität Bourgogne ein Fernstudium französischer und moderner Literatur begonnen. Ohne Abschluss habe ich keine Perspektive für mich gesehen. Doch ich habe letztendlich keinen gemacht. Das Fernstudium war schwierig, wenn man in einem Land lebt, in dem eine andere Sprache gesprochen wird. Und ich musste ja auch Deutsch lernen. Auf meiner Liste der Dinge, die ich im Leben gern machen möchte, stand ganz oben: Keramikerin. Ich komme aus einer Gegend in Japan, wo viel Keramik produziert wird. Die Stadt Tajimi ist bekannt dafür.«

Von 2001 bis 2005 machte sie ihre Ausbildung zur Keramikerin und arbeitet seit 2006 selbstständig. An zwei Tagen in der Woche kann man sie nachmittags in ihrem Atelier besuchen, donnerstags hat sie einen Stand auf dem Wochenmarkt am Gutenbergplatz, wo auch ich sie und ihre faszinierende Keramik entdeckt habe.

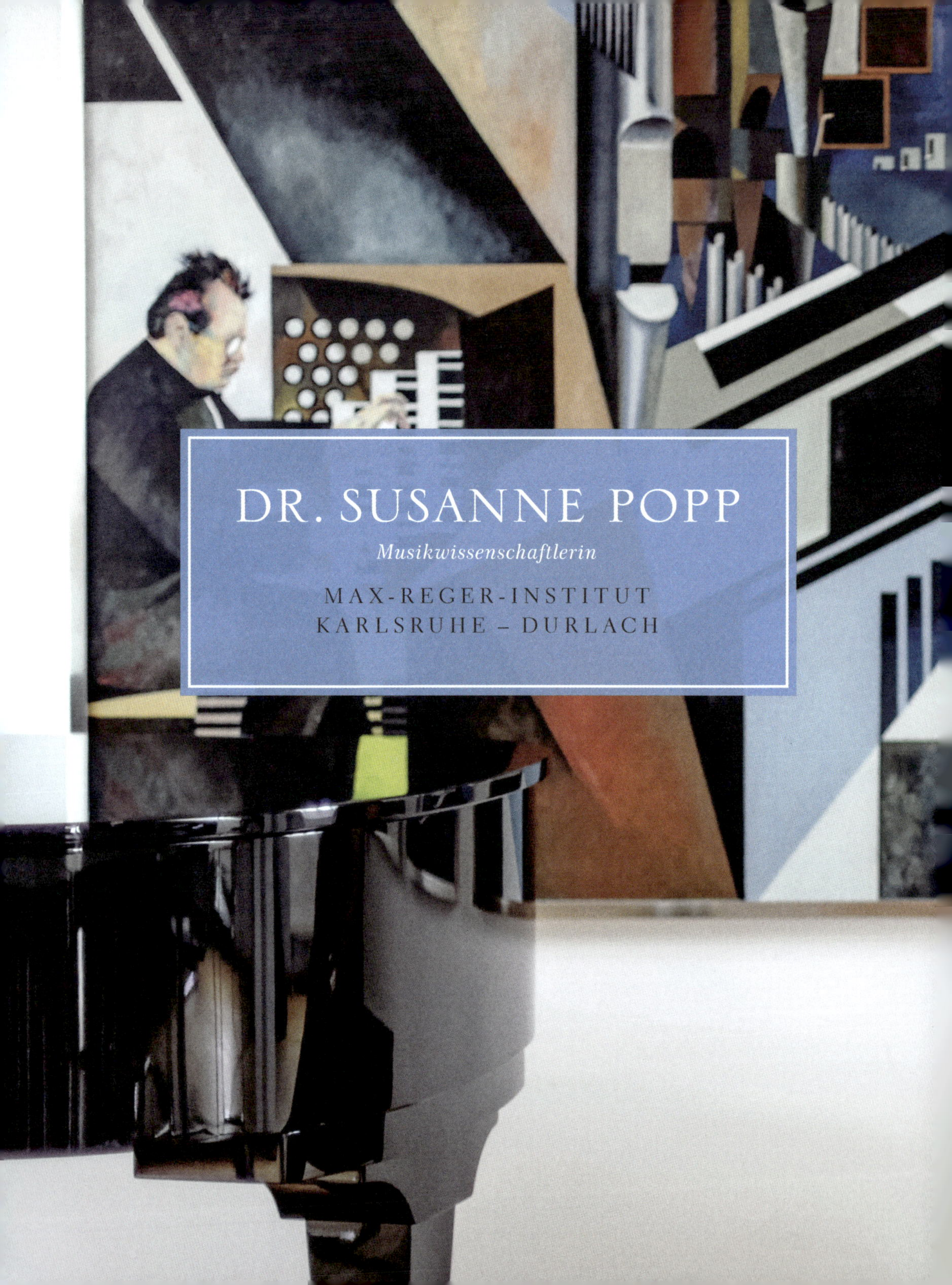
DR. SUSANNE POPP
Musikwissenschaftlerin
MAX-REGER-INSTITUT
KARLSRUHE – DURLACH

*Die Musikwissenschaftlerin Susanne Popp arbeitet seit 1973 für das Max-Reger-Institut und leitet es seit fast vierzig Jahren. Unter ihrer Führung entwickelte es sich zu einem weltweit anerkannten Zentrum der Forschung zu dem Komponisten Max Reger.*

# Wundervoll aufgehoben

*von Dr. Susanne Popp*

»Ich bin hier ganz wundervoll aufgehoben«, hat der Komponist Max Reger (1873–1916) am 9. November 1912 aus Karlsruhe am Rand eines ihm zu Ehren ausgerichteten Musikfests unter Schirmherrschaft von Prinz Max von Baden an seine Frau geschrieben. Mit denselben Worten könnte ich für mich und das von mir jahrzehntelang geleitete Max-Reger-Institut sprechen, das seit 1999 in historischen Gemäuern in Durlach »residiert«, an wahrhaft inspirierendem Ort auf den Resten der 1563 bis 1565 von Markgraf Karl II. von Baden-Durlach errichteten Residenz »Schloss Karlsburg«. Durch das Renaissancetreppenhaus, das neben vereinzelten Türrahmen und einem Kellergewölbe als letzte Zeugen einstiger Herrlichkeit im 18. Jahrhundert in eine Zeile schöner Bürgerhäuser integriert wurde, geistern zwei historische Persönlichkeiten: Markgraf Friedrich VII. Magnus von Baden-Durlach (1647–1709) ist über die Sandsteinstufen geschritten, bis er 1689 infolge des Pfälzischen Erbfolgekriegs von französischen Truppen Ludwigs XIV. verjagt und die Stadt bis auf wenige Häuser niedergebrannt wurde. Und Max Reger, posthum eingereist mit Bergen von Noten, Büchern und Dokumenten, der dem erlauchten

Haupt vermutlich mit jenem Selbstbewusstsein begegnet wäre, das auch sein Verhältnis zu seinem Dienstherrn Herzog Georg II. von Sachsen-Meiningen geprägt hat; sein »Gottesgnadentum«, das ihm geschenkte Talent, war dem ererbten allemal ebenbürtig, so dass auch er eine standesgemäße Residenz beanspruchen dürfte.

Dass ich es wage, meinen Arbeitsplatz als meinen Lieblingsort vorzustellen, muss erläutert werden, damit nicht der Eindruck eines sturen Arbeitstiers entsteht, das betriebsblind an vielen verlockenden Orten Karlsruhes vorübereilt.

Das Max-Reger-Institut ist für mich wie ein drittes Kind, das gemeinsam mit zwei »echten« Töchtern aus Fleisch und Blut von kleinsten Anfängen zu heutiger Schönheit und Größe heranwuchs und, als diese selbständig genug waren, zum zeitraubenden, zugleich hochbefriedigenden Hobby wurde. Denn das Gedeihen des Instituts gibt mir wie einem Kleinunternehmer persönliche Freude und Genugtuung, an der meine Familie und unsere Freunde mit Rat und Tat regen Anteil nehmen.

Nie hat mich in meiner Arbeit behindert, dass ich eine Frau bin – ich wurde schon mit 30 Jahren von einem ausschließlich männlichen Kuratorium aus gestandenen Universitätsprofessoren, illustren Juristen und einflussreichen Bankern zur Geschäftsführerin eingesetzt und als gleichberechtigtes Mitglied in das 13-köpfige Gremium aufgenommen, in dem ich 20 Jahre lang die einzige Frau blieb; dabei genoss ich volles Vertrauen und große Freiheit, um wissenschaftliche und künstlerische Projekte auszudenken und durchzusetzen. Trotz des männerdominierten Aufsichtsrats wurde mir und meiner Kollegin Dr. Susanne Shigihara sogar nachgesagt, dass nur Frauen in unserem Institut eine Chance hätten; dies wurde erst in Karlsruhe durch unsere erste männliche Hilfskraft Alexander Becker widerlegt, dem ich heute als meinem Nachfolger gerne das weitere Geschick des MRI in die Hände lege.

Der Markgraf verschwimmt für mich in Personalunion mit dem ehemaligen Vorstandsvorsitzenden der Badenwerk AG Gerhard Goll, unter dessen Leitung der Energieversorger das kulturelle Geschehen der Stadt vielfältig förderte: Im April 1995 hat er angeboten, dem Max-Reger-Institut Räume in dem leerstehenden Gebäudekomplex Pfinztalstraße 7, der sich weit in die Karlsburgstraße erstreckt, herzurichten und zu einer symbolischen Miete zu überlassen. Das

Angebot kam wie ein Geschenk des Himmels: Am bisherigen Stiftungssitz Bonn war die Weiterexistenz des Instituts gefährdet, da man in der entthronten Hauptstadt sparen musste und dies durch »Konzentration auf die Großen« erreichen wollte – eine Entscheidung für Beethoven und gegen Reger.

Zum Glück hatten das Land Baden-Württemberg und die Stadt Karlsruhe samt Universität und Musikhochschule Interesse an dem kleinen, in Fachkreisen angesehenen musikwissenschaftlichen Forschungsinstitut gezeigt, nur an der Unterbringung hat es zunächst gehapert. Das Angebot der Badenwerk AG brachte die Entscheidung und damit eine Wende in der Institutsgeschichte.

Nie vergessen werde ich die erste Besichtigung der seit Jahrzehnten ungenutzten Räume. Meine Kollegin und ich bestaunten entzückt die Renaissancewendeltreppe mit Steinmetzzeichen der Straßburger Münster Schule und Fragmenten einer einst reichen Bemalung; ihr großzügiger Zuschnitt wurde uns erst beim Einzug richtig bewusst, als wir uns mit Bücherkisten auf dem Arm begegnen konnten, ohne ins Stolpern zu geraten. Um das Treppenhaus auf mehreren Etagen verteilt sahen wir helle, freundliche Arbeitszimmer, auch ließ eine Flucht kleiner Stübchen vor unseren Augen eine Bibliothek entstehen, ideal zur Aufnahme der auf ihre Arbeit konzentrierten Besucher. Der große Raum, damals in der Belle Etage, heute gegen einen mit schrägen Wänden und uralten Dachbalken unter dem Dach vertauscht, versprach beschwingende Atmosphäre für Seminare und Hauskonzerte.

Zu unserem Glück fühlte sich die Badenwerk AG an ihre Zusage von April 1995 auch dann noch gebunden, als ihr ursprüngliches Nutzungskonzept der noch immer leerstehenden Gebäudeteile als Schulungs- und Beratungszentrum entfiel und sie zum 1. Januar 1997 in der Energie-Baden-Württemberg AG (EnBW) aufging. So konnte das Max-Reger-Institut nach dreijährigem Interim als Untermieter der Literarischen Gesellschaft am 25. Februar 1999 die Einweihung der perfekt restaurierten Räume feiern. Kaum glauben konnten wir unser Glück, als »Zugereiste« einen so historischen Ort beziehen zu dürfen, von dem die Werbung versprach, als der übrige, noch immer leerstehende Gebäudekomplex 2004 in Eigentumswohnungen umgewandelt werden sollte: »Kaufen Sie einen Teil der Geschichte unseres Landes!«

Weitere Vorzüge brachte der Alltag ans Licht: Der Blick auf den Schlossplatz mit seinen duftenden Lindenbäumen ist nicht nur entspannend, er informiert uns auch über neueste Brautmode und Hochzeitsgags und lässt durch Boccia spielende Italiener und gut besuchte Straßencafés selbst im Stress Urlaubsstimmung aufkommen; und im Innenhof sorgen uralte Platanen auch bei Hitze für eine angenehme Atmosphäre. Dass es gegenüber, nur über den Schlossplatz, im neuen Residenzschloss, das Markgraf Friedrich Magnus aus seinem Baseler Exil durch seinen Hofarchitekten Domenico Egidio Rossi hatte errichten lassen, einen wundervollen Festsaal gibt, den wir für Konzerte benutzen dürfen, macht die Lage noch attraktiver. So kann sich das Max-Reger-Institut heute zu den Spitzenreitern unter Deutschlands gut 30 Komponisteninstituten zählen, dessen Domizil von vielen bewundert und auch leise beneidet wird.

In der charmanten Kombination aus alten Wurzeln und modern ausgestatteten Computerarbeitsplätzen, die wie eine Illustration der Vorstellung Max Regers wirkt, Fortschritt gedeihe nur auf der Grundlage der liebevollsten Kenntnis der Tradition, lassen sich wundervoll Konzertreihen und Tagungen, Ausstellungen und wissenschaftliche Großprojekte wie Werkverzeichnis und Werkausgabe planen, so dass sich das einst im Schatten Beethovens darbende Bonner Institütchen in Karlsruhe zu einem weltweit geachteten Kompetenzzentrum in Sachen Reger mausern konnte, das in Wissenschaft und Praxis den Reger-Bazillus keimen lässt, die heute größte Sammlung von Reger-Quellen aufgebaut hat und nicht zuletzt – wie sollte es bei einer derart schwer zugänglichen Musik anders sein – auch den Vermittlungsgedanken ins Zentrum seiner Arbeit rückt. Eingebunden in die Karlsruher Wissenschafts- und Musiklandschaft, deutschlandweit vernetzt im Arbeitskreis selbständiger Kulturinstitute (AsKI) mit Einrichtungen aller Kunstsparten, privilegiert durch die Begegnung mit exzellenten Interpreten und Wissenschaftlern aus aller Welt mit dem verbindenden Interesse an Max Reger und seinem Werk – im Max-Reger-Institut wirke ich an beschwingendem Ort, dessen Schönheit mir immer dann erneut bewusst wird, wenn ich Besucher durch die Räume führe und auch auf die Gemälde an den Wänden verweise, die sämtlich Geschichten erzählen.

Auf der Einladung zur Einweihung hat eine Graphik »Raum für Reger« die räumliche Entwicklung seit den Bonner Anfängen mit neun Quadratmeter großen Dachkämmerchen bis zur heutigen 280 Quadratmeter großen »Residenz« verbildlicht. In meinem Grußwort habe ich festgestellt: »Bestens ausgerüstete Arbeitsplätze sind reichlich vorhanden, so dass sich nur der Personaletat der Aufwärtskurve anpassen müsste.« Heute sind die vielen Räume tatsächlich gefüllt mit wissenschaftlichen Mitarbeitern, Hilfswissenschaftlern und Praktikanten, der Stil der Zusammenarbeit aber ist noch immer geprägt von den kleinen Anfängen, als jeder alles machte und niemand sich für etwas zu schade fand – mit flach gehaltener Hierarchie, von gegenseitigem Respekt geprägt, in wirklicher Teamarbeit. So ist auch der bei der Einweihung ausgesprochene Wunsch Dr. Klaus Kaspers, Vorstandsmitglied der EnBW, Wirklichkeit geworden: »Allezeit möge ein guter Geist in diesem schönen Gebäudetrakt wehen und Ihre Arbeit im Sinne Max Regers beflügeln«. Muss man da nicht verstehen, dass die einst markgräflichen Räume für mich der inspirierendste Ort Karlsruhes sind.

19

# KARLSRUHE-DURLACH

Die alte Markgrafenstadt Durlach und die ehemalige Bundeshauptstadt Bonn verbindet ein ähnliches Schicksal. Wurde die eine 1938 von der ehemaligen Residenz zum größten Stadtteil der neuen Stadt Karlsruhe, wurde die andere 1999 von der provisorischen Bundeshauptstadt zur fast normalen Kreisstadt im Regierungsbezirk Köln degradiert, allerdings mit dem bundesweit einmaligen Titel Bundesstadt.

Zur Residenz wurde Durlach 1565 als Markgraf Karl II. beschloss, sein Jagdschlösschen zu einer prächtigen Burg auszubauen, der Karlsburg, die damals noch teilweise von einem Wassergraben umgeben war. Vom Wasser hat Durlach vermutlich auch seinen Namen erhalten. Das germanische »ach« bedeutet Wasser, ebenso wie die »Dürre Lache«. Schon immer hatte Durlach Probleme mit Grundwasser, das in die Häuser eindrang, weil es auf den ehemaligen Niederungen der Pfinz gebaut wurde.

Als der Sonnenkönig Ludwig XIV. 1689 im Erbfolgekrieg die Pfalz niederbrennen ließ, waren seine Soldaten so gründlich, dass sie weiter südlich, in Baden, ebenfalls zuschlugen. Auch Durlach und die Karlsburg wurden niedergebrannt. Als Markgraf Karl Wilhelm 1709 seinen Vater beerbte, waren erst zwei Flügel der Burg wieder aufgebaut. Der spanische Erbfolgekrieg und die schlechte wirtschaftliche Lage hatten einen weiteren Ausbau verhindert. Zudem gab es wohl Unstimmigkeiten mit der Durlacher Bevölkerung, so dass der neue Markgraf beschloss, eine neue Residenz zu gründen, die auch den Vorteil hatte, dass sie weit genug entfernt war von seiner von ihm wenig geliebten Frau. Sie war im neuen Schloss in Karlsruhe nicht willkommen, ebenso die Mutter des Markgrafen. Aus Durlach wurde wieder ein ruhiges Städtchen.

Die Nachwirkungen des großen Brandes, dem fast die ganze Stadt zum Opfer gefallen war, verhalfen Durlach allerdings auch zu Berühmtheit: 1846 gründete Stadtbaumeister Christian Hengst hier die erste Freiwillige Feuerwehr Deutschlands. Einen großen Einsatz hatte sie schon ein Jahr später beim Theaterbrand in Karlsruhe. In nur 28 Minuten waren die kräftigen jungen Männer, die Hengst hauptsächlich aus Sportvereinen rekrutiert hatte, samt Spritze und sonstiger Ausstattung vom Durlacher Rathaus zum Hoftheater gesaust, eine Strecke von fast sechs Kilometern. Noch heute zeichnet sich die Durlacher Feuerwehr mit kurzen Ausrückzeiten aus und ist oft vor der Berufsfeuerwehr am Einsatzort.

Residenzstadt war Bonn übrigens auch schon, nämlich von 1597 bis 1794 des Kurfürstentums Köln. Und die Stadt Karlsruhe verlor nach dem Zweiten Weltkrieg seinen Rang als Hauptstadt des Landes Baden.

Dass das Max-Reger-Institut seinen ersten Sitz in Bonn hatte, war reiner Zufall. Die Witwe Elsa Reger hatte dort nach dem Zweiten Weltkrieg ihren letzten Wohnsitz gefunden. Genauso zufällig zog das Institut nach Durlach um: Ein Angebot der damaligen Badenwerk AG (heute EnBW) kam nach Bonn geflattert, das entscheidend dazu beitrug, dass das Institut seinen Sitz von Bonn nach Durlach verlegte. Keine der

beiden Städte hat einen engen biographischen Bezug zu Max Reger.

Der badische Kammerherr Friedrich Justinian Freiherr von Günderrode, Vater der in Karlsruhe geborenen Schriftstellerin Karoline von Günderrode, schrieb 1781 über Durlach: »Durlach ist eine kleine aber nahrhafte und wohlangebaute Stadt. Mitten über die Hauptstraße sind Laternen, so wie in Paris, an Seilen, die von einem Hause zum gegenüberstehenden gezogen sind, angebracht. Diesseits ist sie mit fruchtbaren, theils mit Weinreben, theils mit Feldfrüchten bebauten, Bergen umgeben; Luft, Gegend, Wasser und Brod sind weit gesünder und angenehmer hier als in Carlsruhe. Es lassen sich daher viele Einwohner der Residenz ihr Trinkwasser aus diesen bergigten Gegenden herbeyführen; und da es auch wohlfeiler leben ist, so schlagen öfters Pensionirte und zur Ruhe gesetzte, auch andere Personen ihre Wohnung hier auf, und es ist in der That ein sehr angenehmer Ruheplatz.«

Und das ist er bis heute. Der größte Karlsruher Stadtteil ist auch der beliebteste. In Durlach, der Mutter Karlsruhes, kann man noch durch alte Gassen schlendern und den Charme vergangener Jahrhunderte spüren. Der Schriftsteller Kurt Scheid notierte 1965: »Karlsruhe liegt tellereben, nur der Stadtteil Durlach schmiegt sich an die Pfinzgauhügel hin. Der Turmberg gibt den weiten Blick auf Karlsruhe und seine Randlandschaften. Durlach war bis kurz vor dem Zweiten Weltkrieg selbständig, das spürt man. Die Eingemeindung wurde nach dem Kriege, diesmal in freier Abstimmung, durch die Bevölkerung bestätigt. Trotzdem bewahrte Karlsruhes Urzelle ihr originales Lebensgefühl, die eigene Tageszeitung macht das stellvertretend für vieles andere deutlich. Für Durlach mit dem alten Basler Tor und seinem Schloß gilt dasselbe wie für all die anderen Städtchen rings um Karlsruhe: malerische Gassenwinkel, Fachwerk, selbstbewußte Bürgerhäuser, wuchtige Kirchenbauten, da und dort noch Tortürme, entzückende Brunnen und gemütliche Lokale, in denen eigenes Rebgewächs ausgeschenkt wird.« Und weiter schreibt er: »Weil Karlsruhe mit seiner klassizistischen Kühle und den breitangelegten Geraden jener bürgerlich-intimen Züge entbehrt, ist für die Karlsruher die Atmosphäre dieser kleinen Städte um so anziehender.« Damit meinte er nicht nur Durlach, sondern auch andere Städte wie Ettlingen, Bruchsal oder Baden-Baden im Umfeld der Stadt.

Eine eigene Tageszeitung gibt es in Durlach inzwischen nicht mehr, und das mit der Eingemeindung verlief auch nicht ganz reibungslos, hatte eher den Charakter einer Zwangsehe, und viele alte Durlacher hielten sie für reine Machtgier des damaligen Gauleiters: Durlach brachte 3000 Hektar Land in die Ehe, die es später ermöglichten die Waldstadt und das Industriegebiet Hagsfeld zu bauen. 1949 wollten sie sich wieder scheiden lassen, doch der Ausgemeindungsantrag wurde vom württemberg-badischen Landtag abgelehnt. Um die Durlacher milde zu stimmen, machte die Stadt einige Zugeständnisse, so dass Durlach eine Art Sonderstellung unter den Karlsruher Stadtteilen zukommt. Es ist eigenständig und hat als einziger Stadtteil ein eigenes Finanzamt, ein Amtsgericht und ein Rathaus. 1989 erkämpfte es sich eine eigene Ortschaftsverfassung und hat seitdem seinen eigenen Ortsvorsteher.

*Über*

# Dr. Susanne Popp

Susanne Popp wurde 1944 in Mühlhausen/Thüringen geboren, studierte in Bonn Musikwissenschaft, Mathematik und Pädagogik und promovierte 1971 mit *Untersuchungen zu Robert Schumanns Chorwerken*. Nach knapp zweijährigem Aufenthalt in Israel mit ihrem Ehemann, dem Kernphysiker Dr. Manfred Popp, trat sie 1973 als wissenschaftliche Mitarbeiterin in das Max-Reger-Institut/Elsa-Reger-Stiftung (MRI) ein, das sie seit 1981, anfangs in Bonn, seit 1996 in Karlsruhe, leitet. In Bonn wurden 1972 und 1974 ihre beiden Töchter geboren, die mit dem Institut um die Wette wuchsen und beruflich in der Bildenden Kunst landeten.

In Karlsruhe konnte sich das MRI zum international anerkannten Zentrum der Reger-Forschung entwickeln, das die weltweit größte Handschriftensammlung des Komponisten aufbaute und mit renommierten Interpreten kooperiert. Susanne Popps Veröffentlichungen zu Max Reger und seinem Werk umfassen kommentierte Briefausgaben, Bildbände, Aufsätze und das im Team erarbeitete *Verzeichnis der Werke Max Regers und ihrer Quellen* (2010). Seit 2008 ist sie Co-Editionsleiterin der von der Akademie der Wissenschaften und der Literatur Mainz geförderten wissenschaftlich-kritischen *Hybrid-Ausgabe von Werken Max Regers*. Zum Regerjahr 2016 zog sie mit der Biographie *Max Reger – WERK STATT LEBEN* ein Fazit ihrer Forschungstätigkeit. Sie ist seit 1999 Stellvertretende Vorsitzende des Arbeitskreises selbständiger Kulturinstitute (AsKI) in Bonn, gehört dem Vorstand der Internationalen Max-Reger-Gesellschaft an und engagiert sich seit 2002 als Musikalische Leiterin im Verein Yehudi Menuhin Live Music Now e. V. Oberrhein für den künstlerischen Nachwuchs.

# DÖRTHE MANDEL

*Musikerin*

## DER RHEIN BEIM HOFGUT MAXAU

*Die Musikerin Dörthe Mandel lebt seit 1992 in Karlsruhe und ist seitdem Mitglied der Badischen Staatskapelle Karlsruhe. Sie spielt Englischhorn und Oboe.*

# Die Magie des Wassers

**Wir sitzen bei herrlichem Sonnenschein am Rhein beim Hofgut Maxau, die morgendliche Luft ist noch ein wenig frisch, zumindest wenn man im Schatten der Bäume sitzt.**

**Dörthe, warum ist für dich dieser Ort besonders?**

Wasser zieht mich magisch an. Das einzige, was mich an Karlsruhe stört, ist, dass das Meer so weit weg ist. Wenn ich hier am Rhein sitze, stelle ich mir seinen langen Weg vor.

Basel ist eine Station, die mir sehr präsent ist. Dort hat man das Glück, dass der Rhein mitten in der Stadt ist, im Gegensatz zu Karlsruhe. Auch an den Rheinfall denke ich oder den Bodensee. Doch am liebsten stelle ich mir vor, wohin er fließt, denn dadurch schaffe ich mir meine Verbindung zum Meer, zur Nordsee, wo ich jeden Sommer Urlaub mache.

Schon in meiner Kindheit war ich jedes Jahr an der Nordsee, das hat mich sicher geprägt. Das Meer und das Wasser empfinde ich im Gegensatz zum

Gebirge nicht als bedrohlich. Wasser anzuschauen bewirkt etwas in mir, es ist für mich sehr meditativ. Ich schaue auch gern den Schiffen nach, an der Terrasse oben auf dem Damm kann man sich sogar hinlegen. Es ist ein sehr erholsamer Ort für mich. Ich komme immer mit dem Fahrrad hierher, fahre von zu Hause an der Alb entlang mit all ihren Windungen. Schon das ist eine schöne Fahrt und stimmt mich auf den Rhein und das Wasser ein. Immer, wenn ich »Wassermangel« habe, fahre ich hierher. Ich finde, man merkt, dass das Leben aus dem Wasser kommt. Das Wasser ist eine Urgewalt, das spüre ich auch hier am Fluss. Wenn ich an den Rhein denke, dann denke ich aber nicht nur an das Wasser, sondern eben auch an seinen Weg.

**Du bist in Essen geboren und aufgewachsen. Wie lange lebst du schon in Karlsruhe?**

Seit 1992, seit ich in der Staatskapelle spiele. Ich habe in Essen studiert, dann in Stuttgart. Hier in Karlsruhe bekam ich meine erste Stelle nach dem Studium. Davor habe ich dreizehn Monate in der Württembergischen Philharmonie Reutlingen gespielt, das war noch während meines Studiums. Jetzt bin ich schon seit 27 Jahren hier.

**Das ist eine lange Zeit. Fühlst du dich inzwischen hier zu Hause, auch wenn das Meer so weit weg ist?**

Ja. In Karlsruhe habe ich ein Heimatgefühl. Die Stadtgröße empfinde ich als ideal, es gibt alles, aber die Stadt ist nicht so ausufernd. Und mit dem Rhein habe ich ja eine Verbindung zum Meer und das Wasser.

Als ich hierher kam, fand ich die Menschen ziemlich unfreundlich. Man gewöhnt sich sicher daran, denn inzwischen empfinde ich das nicht mehr so. Karlsruhe nehme ich als Stadt wahr. Als ich in Stuttgart studiert habe, bewegte ich mich hauptsächlich zwischen meiner Wohnung und der Hochschule, und ich erlebte nur einen kleinen Ausschnitt der Stadt. Hier ist das anders, hier habe ich mir im Laufe der Jahre die verschiedenen Bereiche der Stadt erschließen können. Ich fühle mich sehr wohl in Karlsruhe. Ich liebe auch die Wärme und das Wetter.

**Du hast Oboe studiert, aber dein Hauptinstrument in der Staatskapelle ist das Englischhorn. In modernen Sinfonieorchestern gilt das Englischhorn als Neben- bzw. Wechselinstrument der Oboe. Große Orchester wie die Badische Staatskapelle beschäftigen einen eigenen Englischhornisten, während bei kleineren meist der zweite Oboist für das Englischhorn verpflichtet wird. Du spielst Solo-Englischhorn in der Staatskapelle und bei Bedarf Oboe. Was ist der Unterschied zwischen diesen beiden Instrumenten?**

Das Englischhorn ist in F gestimmt, also eine Quinte tiefer als die Oboe, die in C gestimmt ist. Das Englischhorn ist das Alt-Instrument aus der Familie der Oboeninstrumente. Außerdem endet das Instrument nicht in einem Trichter wie die Oboe, sondern es hat einen birnenförmigen Schallbecher, der auch Liebesfuß genannt wird. Das Englischhorn hat immer große Soli, ist langsamer und gefühlvoller als die Oboe. Es spricht immer die Seele an, wenn man dieses Instrument spielt.

**Weshalb hast du dir die Oboe bzw. das Englischhorn als Instrument ausgesucht? Bist du in einer musikalischen Familie aufgewachsen?**

Nein, überhaupt nicht. Irgendwann landete ich als Kind in der Musikschule, so wie fast jedes Kind damals, und es war Zufall, dass ich mir die Oboe aussuchte, weil dieses Instrument einfach noch frei war. Mir war es damals egal, welches Instrument ich spiele. Doch dann entdeckte ich meine Leidenschaft für das Spielen und die Musik. Zur Oberstufe ging ich auf das Musikgymnasium, und gegen Ende meiner Schulzeit habe ich mindestens dreißig Stunden in der Woche Musik gemacht.

Nicht alle aus meiner Klasse wurden Berufsmusiker. Man braucht schon den Willen, das machen zu wollen. Ich wollte es unbedingt. Letztendlich ist es ein Leistungssport, professionelle Musikerin zu sein, aber es ist sehr erfüllend, mit sehr intensiven Momenten. Ich liebe meinen Beruf und könnte mir keinen anderen vorstellen. Es war ein großes Glück, dass ich sofort die Stelle in der Badischen Staatskapelle bekommen habe. Die deutsche Orchesterlandschaft ist einzigartig: Nirgendwo auf der Welt gibt es so eine Dichte an guten Orchestern wie hier. Es läuft sogar eine Bewerbung der Orchesterlandschaft Deutschland für die UNESCO-Liste des Immateriellen Kulturerbes.* Entsprechend ist auch die Ausbildung. Es kommen viele Menschen aus dem Ausland, die hier studieren. Auch im Orchester sind wir sehr international besetzt.

**Liebe Dörthe, nachdem wir nun schon eine ganze Weile hier am Rhein sitzen und miteinander reden, genieße auch ich diesen Ort und kann ihn nach unserem Gespräch ein wenig mit deinen Augen sehen. Ich danke dir, dass du mit mir hierher gekommen bist.**

*Die deutsche Theater- und Orchesterszene zeichnet sich durch eine besondere Dichte und Vielfalt im Hinblick auf Genres, Ästhetik, Ausdrucksmittel, Sprache und Aufführungsanlässe aus. Rund 140 Staats- und Stadttheater sowie Landesbühnen mit Orchester und 130 Opern-, Symphonie-, Rundfunk – oder Kammerorchester und Kammerphilharmonien prägen die Landschaft. Hinzu kommen rund 220 private Theater, 100 Theater- und Symphonieorchester ohne feste Spielstätten, 2.200 freie Spielstätten, Gruppen und Ensembles und rund 2.500 Amateurbühnen. Die Dichte und Vielfalt resultieren historisch aus der großen Zahl kleiner Staaten und Herzogtümer im 18. und 19. Jahrhundert. Theater und Orchester hatten repräsentativen Charakter und zeigten die Hingabe des jeweiligen Landesfürsten zu Kunst und Kultur. Die Nominierung der deutschen Theater- und Orchesterlandschaft für die UNESCO-Liste des Immateriellen Kulturerbes wurde 2019 vom Auswärtigen Amt eingereicht.

20

# DER RHEIN BEIM HOFGUT MAXAU

»Der Rhein ist der Strom, von dem alle Welt spricht und den niemand studiert, den jeder besichtigt und den keiner kennt, den man im Vorbeifahren sieht und dann gleich wieder vergisst, den jeder Blick streift und den kein Denken auslotet.« 1840 begibt sich der französische Schriftsteller Victor Hugo auf eine große Reise entlang des Rheins, mit der Absicht, daraus ein Buch zu machen: »Le Rhin« escheint 1842, drei Jahre später in einer erweiterten Ausgabe. Doch wie die meisten Rheinreisenden, erwähnt er den Rhein bei Karlsruhe mit keinem Wort. Die Stadt liegt einfach zu weit weg vom Fluss. Aber vielleicht liegt es auch daran lag, dass zu der Zeit, als Hugo seine Reise unternahm, in diesem Abschnitt ein tiefer Einschnitt vorgenommen wurde: Der Rhein wurde begradigt, nein, er wurde gezähmt, eingezwängt in ein künstliches Bett,

wodurch die Landschaft sich so stark veränderte, dass sie all ihren Reiz verloren hat. Steht man heute bei Maxau am Rheinufer, fällt der Blick im Süden auf die Schlote des Heizkraftwerks, im Norden auf die Industrieanlage der Raffinerie: Aus der einstigen Auenlandschaft wurde eine Industrielandschaft, aus dem wild mäandernden Fluss eine etwa zweihundertfünfzig Meter breite Fahrrinne für Frachtschiffe.

Verantwortlich dafür ist der 1770 in Karlsruhe geborene Ingenieur Johann Gottlieb Tulla. Er gründete 1807 die Karlsruher Ingenieursschule, die achtzehn Jahre später mit Friedrich Weinbrenners Architekturschule und den Realklassen des Lyzeums zum Polytechnikum zusammengeschlossen wurde, aus der die Technische Hochschule, dann die Universität Karlsruhe entstand, die 2009 mit dem Forschungszentrum Karlsruhe zum KIT vereint wurde.

Ganz im Sinn Descartes, der die Menschen als Herrscher und Besitzer der Natur betrachtete, schrieb Tulla 1822: »In der Regel sollten in kultivierten Ländern die Bäche, Flüsse und Ströme Kanäle sein und die Leitung der Gewässer in der Gewalt der Bewohner stehen.«

Der Oberrhein sollte schiffbar gemacht, Überschwemmungen verhindert und Krankheiten wie die Malaria besiegt und Land gewonnen werden. Sümpfe wurden trockengelegt, Wälder abgeholzt, der Flusslauf wurde durch die Begradigung um etwa achtzig Kilometer verkürzt. Ironie des Schicksals: 1828 stirbt Tulla mit nur achtundfünfzig Jahren an der Malaria. Sein Werk vollenden andere.

Maxau, direkt am Rhein gelegen, ist ein Weiler, der zum Stadtteil

Knielingen gehört. Um 1835 erwarb der jüngste Sohn des Großherzogs Karl Friedrich, Maximilian von Baden, drei pfälzische Rheininseln: Abtsgründel, Langengrund und Katersgrund. Auf der Insel Abtsgründel gab es bereits einen Hof, den Abtsgrundhof. Durch die Rheinregulierung wurde das Gebiet, auf dem die Inseln lagen, rechtsrheinisch, also badisch. Dem Hof gab Maximilian von Baden nun den Namen »Maximilians-Au«, erweiterte ihn und verband die drei Inseln miteinander. Ab etwa 1860 wurde der Name des Hofguts verkürzt und hieß von nun an »Hofgut Maxau«. Bis 2005 blieb es im Besitz des Hauses Baden, dann erwarb es die Stadt Karlsruhe und verpachtet es seitdem. Zum Hofgut gehören etwa 25 Hektar Ackerland, der Knielinger See mit 70 Hektar, sowie 61 Hektar Auenwald. Inzwischen ist das Hofgut ein beliebtes Ausflugsziel geworden, auch wenn die Idylle für meinen Geschmack immer wieder durch den Blick auf die nahegelegenen Industrieanlagen gestört wird. Der Karlsruher Rheinhafen unweit des Hofguts ging 1901 in Betrieb, der Ölhafen etwas weiter nördlich 1963. Die zweitgrößte Raffinerie Deutschlands hat hier seit 1962 ihren Sitz.

Die französische Schriftstellerin Germaine de Staël bezeichnete den Rhein als »großen Schicksalsfluss«, konnte ihm aber ansonsten nichts abgewinnen. So empfand ich es auch immer. Ich begegne dem Fluss mit Respekt und auch Ehrfurcht vor seiner Kraft und Stärke, aber es zog mich nie an sein Ufer, auch wenn ich gern am Wasser bin. Als ich nun bei unserem Interview auf dem Damm am Rhein sitze, bleiben mir die Schlote und Industriehallen, auf die man blickt, nicht verborgen. Doch es gibt noch einen anderen Blick: den auf die zum Glück noch existierenden, wenn auch deutlich geschrumpften Auenwälder, auf die Berge des Nordschwarzwalds in der Ferne, auf den zwar gezähmten, aber immer noch kraftvollen, unberechenbaren Fluss, der sich in einer leichten Biegung seinen Weg aus Richtung Süden hierher bahnt, auf das Wasser, das glitzert und an diesem sonnigen Hochsommertag beinahe sanft wie ein stiller Bach dahinplätschert, und für einen Augenblick erliege ich dem Zauber, der Magie des Wassers.

*Über*

# Dörthe Mandel

Dörthe Mandel wurde 1967 in Essen geboren, wo sie auch aufgewachsen ist. Seit ihrem 11. Lebensjahr spielt sie Oboe, und schon als Jugendliche war für sie klar, dass sie Berufsmusikerin werden möchte. Sie studierte an der Musikhochschule Essen, heute Folkwang Universität der Künste, und wechselte dann an die Staatliche Hochschule für Musik und Darstellende Kunst nach Stuttgart. Direkt im Anschluss an ihr Studium bekam sie eine Stelle in der Badischen Staatskapelle Karlsruhe, wo sie inzwischen seit über zwanzig Jahren Englischhorn und Oboe spielt.

Die Badische Staatskapelle ist eines der ältesten Orchester Deutschlands und blickt auf eine reiche Tradition zurück. Als Hofkapelle des badischen Markgrafen wurde es 1662 in der Residenz Durlach gegründet. Es hatte herausragende Hofkapellmeister wie Johann Melchior Molter, Franz Danzi, Hermann Levi und Felix Mottl, die zahlreiche Ur- und Erstaufführungen leiteten, u.a. von Hector Berlioz, Johannes Brahms und Richard Wagner. Wagner und Richard Strauss standen mehrmals selbst am Pult der Hofkapelle, 1853 dirigierte Franz Liszt Beethovens 9. Symphonie, 1863 Richard Wagner eigene Werke. Solisten wie Niccolò Paganini und Clara Schumann waren gern gehörte Gäste, 1865 spielte Brahms Klavier bei einem Kammerkonzert.

Karlsruhe hatte unter ihren Hofkapellmeistern den Ruf eines »Klein-Bayreuth«: Schon Joseph Strauss widmete sich Wagners Werk und dirigierte ab 1855 die Karlsruher Erstaufführungen von »Tannhäuser«, »Lohengrin« und »Der fliegende Holländer«. Hermann Levi war ein enger Vertrauter Wagners und leitete 1882 die Uraufführung des »Parsifal« in Bayreuth. In den 1860er Jahren führte Hermann Levi die ersten Abonnementkonzerte ein, die bis heute als Sinfoniekonzerte weiterleben. Und auch Felix Mottl pflegte die Werke seines Meisters Richard Wagner.

Seit 2008 ist der britische Dirigent und Pianist Justin Brown Generalmusikdirektor, im Herbst 2020 wird der Meißener Georg Fritzsch sein Nachfolger.

# DIETLIND WEINLAND

*Richterin*

## ALTRHEININSEL RAPPENWÖRTH

*Seit vierzehn Jahren lebt die Juristin Dietlind Weinland in Karlsruhe, mit einer Unterbrechung von zwei Jahren, die sie in Nürnberg verbrachte. Ihre Freizeit verbringt sie gern draußen in der Natur.*

# Sommerferiengefühl

*von Dietlind Weinland*

Eines Tages entdeckte ich ihn. Einen Ort, der ganz anders ist als die Innenstadt von Karlsruhe, die von dem Schloss, den Gerichten, den Plätzen und Brunnen und dem quirligen Menschentreiben geprägt wird. Einen Ort, der keine Sehenswürdigkeiten und keine Angebote für vielfältige Zerstreuungen bietet. Einen Ort, mit dem ich mich verbunden fühle. Zu erreichen ist er ganz unkompliziert mit der Straßenbahn. An der Haltestelle Yorckstraße warte ich umgeben von der lärmenden Kaiserallee, der großen blauen Aral-Tankstelle und dem altmodischen »Wienerwald« mit seinem Reißaus nehmendem Huhn, auf die Ankunft der Linie 6. Dann rattere ich vorbei an alten hohen Häusern, deren Fassaden durch endlose Reihen von belanglosen Geschäften geprägt werden, an unscheinbaren Wohngebieten und grauen Gewerbeeinheiten. Karlsruhe zeigt sich mit immer wieder neuem Gesicht. Ich komme an Gegenden vorbei, die ich vorher nie gesehen habe und die mir fremd erscheinen. Mein Blick bleibt an einem vorbeiziehenden gelben Gebäude hängen, das in schnörkellosen schwarzen Buchstaben die Aufschrift »Musikschule« trägt. Es fügt sich bescheiden in eine Reihe trister Gewerbebauten ein und sticht doch durch seine Aufschrift hervor. Ein eigenwilliger Kontrast zwischen Schmucklosigkeit und Verheißung eines reichen musikalischen Lebens.

Rasch wechselt der Schauplatz. An einem mit Linden und Kastanien bewachsenen idyllischen Kirchplatz vorbei zwängt sich die Straßenbahn durch eine schmale Straße, gesäumt von den spitzen Giebeln in bunten Farben gestrichener Häuser, und kommt den Bewohnern sehr nahe. Bald taucht ein Tierheim auf. Freudlose Hunde, die auf ihren Menschen warten, kommen mir in den Sinn. Die Umgebung wird luftig und grün, fast ländlich. Jetzt ist mein Ziel nicht mehr weit, und die von Bäumen eingerahmte Haltestelle »Altrheinbrücke« taucht auf. Nur selten steigen hier Fahrgäste aus. Im Sommer zieht es sie weiter zum nahe gelegenen Rheinstrandbad.

Schnell verliert sich das Quietschen der eilig davonfahrenden Straßenbahn und um mich herum wird es ganz still. Nur die Schienen und die Straße erinnern daran, dass die Großstadt ganz nah ist. Nichts ist von ihr zu ahnen, vergessen der Trubel der Stadt. Ein schmaler Weg führt in den Wald hinein. An seiner Seite verläuft ein Altrheinarm, dessen glitzernde Oberfläche im Sommer von zarten blauen Libellen umschwirrt wird. Über dem Weg bilden die Baumkronen ein dichtes Blätterdach und sorgen mit ihrem lichten Schatten für angenehme Kühle. Der Wald hat nichts Düsteres, denn die Sonne bahnt sich durch das Blättergewirr immer wieder ihren Weg. Ein Duft von Erde, Feuchtigkeit und Süße liegt in der Luft. Ein Duft, der vergessene Erinnerungen an Kindheitstage weckt. Erinnerungen, die flüchtig und kaum zu greifen sind und von einer Mischung aus Glück und Wehmut begleitet werden. Ich denke an die blaurotkarierte Wolldecke, auf der wir sechs Geschwister uns bei unseren Wanderungen mit den Eltern niederließen, genauestens darauf achtend, dass der mitgebrachte Sandkuchen gerecht geteilt wird. Wir verteidigten die Krümel gegen die gierigen Waldameisen und sorgten dafür, dass nichts Essbares mehr nach Hause getragen werden musste.

Der Weg zieht sich immer weiter den Fluss entlang. Mein Blick bleibt auf dem ruhigen Wasser hängen. Silbrige Weiden biegen sich schwer dem breiten dunkelgrünen Gewässer entgegen. Algenteppiche bilden kleine hellgrüne Inseln. Kaum wahrnehmbar steht am Uferrand auf dem Ast eines tiefhängenden Baums auf langen dünnen Beinen ein spitzschnabliger Graureiher,

»Ein Duft von Erde, Feuchtigkeit und Süße liegt in der Luft. Ein Duft der *vergessene Erinnerungen an Kindheitstage* weckt.«

DIETLIND WEINLAND

der mit kleinen schwarzen Augen aufmerksam den vorbeigehenden Spaziergänger verfolgt. Ein schneeweißer Schein blitzt durch die flimmernden Blätter. Als sie die Sicht auf das Wasser freigeben, wird das Bild von einem prächtig gefiederten Schwan bestimmt, der mit großer Würde seine einsame Bahn zieht. Sein makelloses Weiß hebt sich auf dem smaragdgrünen Fluss wie aufgemalt hervor und bildet einen fast unwirklich erscheinenden Kontrast zu dem alles beherrschenden Grün des Wassers und des Waldes. Das ruhige Gewässer zieht mich in seinen Bann. Schon das geringste Gluckern, die kleinsten Wellen oder Ringe auf dem Wasser könnten eine neue Überraschung bereithalten. Manchmal ist es auch nur ein Angler, der mit seiner langen Angelrute in aller Stille geduldig auf einen glücklichen Fang hofft.

Nach einer ruhigen Wanderung führt der Weg wieder zu menschlichem Leben. Bootshäuser tauchen auf, die manchmal einen Blick in ihr Innenleben, bestehend aus gleichmäßig gestapelten Kanus in fröhlich bunten Farben, zulassen. Es riecht nach modrigem Holz; ein ganz eigenwilliger Geruch, der Erinnerungen an die geheimnisvollen hölzernen Umkleidekabinen im Freibad meiner Kindheit weckt. Vor den Bootshäusern herrscht ein geschäftiges Treiben. Kanus werden gereinigt, repariert, begutachtet oder zum Wasser getragen. Am letzten Bootshaus befindet sich, umgeben von einer dichten Hecke, ein kleiner Biergarten mit einigen Holztischen und einer Sammlung kunterbunter Sonnenschirme. Dort halte ich Ausschau nach einem schattigen Platz, lasse mir ein köstlich kühles Weizen bringen und genieße mit jedem Schluck mein Sommerferiengefühl.

21

# ALTRHEININSEL RAPPENWÖRTH

Im 17. Jahrhundert war der Rhein kein grader Fluss, sondern er floss in vielen wilden Schlingen, die sich stets änderten. Immer wieder bildeten sich neue Arme und Inseln, regelmäßig veränderte die Landschaft ihr Bild. Mit der Rheinbegradigung durch Johann Gottfried Tulla im 19. Jahrhundert wurden die Schlingen abgeschnitten. Viele versiegten oder wurden trockengelegt, die, die erhalten geblieben sind, bilden heute mehr oder weniger stehende Gewässer. Die Insel Rappenwörth ist von so einem Gewässer, einem Altrheinarm, umschlungen, und ist auch noch mit dem Rhein verbunden. Die Insel ist nicht sehr groß, etwa vier Kilometer lang ist der Rundweg. Sie ist Landschaftsschutzgebiet, und viele Tiere, auch nicht heimische wie Nutria und Waschbär, haben sich auf der Insel angesiedelt oder nutzen das Gebiet als Zwischenstation auf dem Weg in den Süden, wenn sie es nicht sogar als ihr Winterquartier auserwählt haben. Flora und Fauna präsentieren sich im Frühling mit wunderschönen Blütenteppichen aus Buschwindröschen, Blaustern und Bärlauch. Im Sommer säumen Wiesensalbei, Helm-Knabenkraut, Klappertopf und Weidenröschen die Wege und Feuchtwiesen. Unzählige Wasserlinsen schwimmen auf dem Altrhein und in den Auffangkanälen im Wald. Im Spätsommer und Herbst ziehen die Nebelschwaden malerisch über das stille Wasser. Baumskelette liegen mehr oder weniger bemoost im Wasser und stützen sich mit ihren Ästen ab. Es sind nicht immer entwurzelte Bäume, manchmal wachsen sie parallel zur Wasseroberfläche hinaus in den Altrheinarm oder neigen sich immer weiter zum Wasser hinunter, als wollten sie mit ihren Blättern und Ästen unbedingt das Wasser berühren. In den alten knorrigen Weiden kann man Gesichter erkennen, die aufs Wasser blicken. Eine fast gespenstische, morbide Landschaft.

1929 wurde auf der Insel eine Vogelwarte gebaut, ein heute denkmalgeschütztes Bauhausgebäude. Es wurde von dem Architekten Walther Merz (1897–1963) geplant,

der nach dem Zweiten Weltkrieg zu den engsten Mitarbeitern von Karlsruhes Oberbürgermeister Günther Klotz gehörte und unter anderem an der Planung für die Waldstadt beteiligt war. Neben der Dammerstocksiedlung in Rüppurr ist es eines der markantesten Gebäude aus der Bauhauszeit in Karlsruhe. Mit der Vogelwarte wollte der damalige Bürgermeister Hermann Schneider unter anderem die Stechmückenplage auf biologische Art und Weise lösen, indem Fressfeinde wie Singvögel und Fledermäuse vermehrt angesiedelt wurden. Erster Direktor war Otto Fehringer, der zu den wissenschaftlichen Kapazitäten seiner Zeit gehörte. Zur Eröffnung der Warte trugen sich viele renommierte Persönlichkeiten aus dem In- und Ausland ins Gästebuch ein, unter anderem König Ferdinand von Bulgarien, Schirmherr der Deutschen Ornithologischen Gesellschaft.

1931 verließ Fehringer Karlsruhe schon wieder und baute in Heidelberg den »Tiergarten«. Weitere drei Jahre später wurde die Vogelwarte für die nächsten 40 Jahre geschlossen. Das Gebäude lag im Dornröschenschlaf, wurde von Waldarbeitern als Unterschlupf, Werkstatt und Abstellraum genutzt. Im Oktober 1980 eröffnete das Land Baden-Württemberg nach aufwendiger Renovierung die Staatliche Vogelschutzwarte, die 1993 ihren Betrieb aufgab. 1997 wurde das Naturschutzzentrum Karlsruhe-Rappenwörth eröffnet, das auch die benachbarten Schutzgebiete betreut. Es gibt auf der Insel drei Wildgehege, einen Ententeich, einen Waldlehrpfad und einen Mathematiklehrpfad, der zeigen soll, wie wichtig Mathematik in täglichen Lebenssituationen sein kann.

*Über*

# Dietlind Weinland

Die 1959 in Erlangen geborene Juristin lebte von 2004 bis 2008 zum ersten Mal in Karlsruhe, hatte aber eine andere Wirkungsstätte als heute: Sie war Pressesprecherin am Bundesverfassungsgericht. Nachdem sie noch einmal für zwei Jahre als Richterin ans Oberlandesgericht Nürnberg zurückkehrte, führte sie ihr Weg 2011 wieder zurück nach Karlsruhe, dieses Mal an den Bundesgerichtshof. Sie ist Richterin am V. Zivilsenat, der sich mit Grundstücks-, Nachbar- und Landpachtrecht befasst.

Seit 2012 ist sie auch Pressesprecherin des BGH und seit 2015 Leiterin der Pressestelle.

Mit ihrer Heimatstadt Erlangen ist sie immer noch eng verbunden, auch weil ihre Mutter noch dort lebt. Sie ist dort mit fünf Geschwistern aufgewachsen. Nach ihrem Studium der Rechtswissenschaften an der Friedrich-Alexander-Universität Erlangen-Nürnberg machte sie ein Referendariat am Oberlandesgericht Nürnberg. 1989 begann ihre juristische Laufbahn in Bayern. Bis 2004 war sie in Nürnberg tätig, als Richterin am Amtsgericht und am Landgericht, als Staatsanwältin bei der Staatsanwaltschaft Nürnberg und als Ausbilderin für Rechtsreferendare am Oberlandesgericht.

Durchstreifte sie früher mit ihrem Hund die Wälder um Erlangen, tankt sie hier in Karlsruhe Kraft am Altrhein, nur leider ohne Hund.

Wir haben uns im italienischen Feinkostgeschäft Da Serio in der Karlstraße kennengelernt, weil uns beide die Liebe zu Italien verbindet. Dietlind Weinland verbringt dort regelmäßig ihre Mittagspause.

# KATHARINA HAGENA

*Schriftstellerin*

## LINKENHEIMER ALLEE

*An der rettenden Kraft der Literatur zweifelte Katharina Hagena nie. Ohne die vielen Fahrten von Eggenstein-Leopoldshafen nach Karlsruhe entlang der Linkenheimer Allee wäre aus Katharina Hagena vielleicht keine Schriftstellerin geworden.*

# Ein lyrischer Fahrradweg

*von Katharina Hagena*

Als die Dörfer der unteren Hardt noch nicht ans Straßenbahnnetz angeschlossen waren, als der Bus aus Leopoldshafen nur stündlich in die Stadt fuhr und ab zehn Uhr abends überhaupt nicht mehr und zurück schon gar nicht, da war mein Fahrrad die Freiheit und die Linkenheimer Allee der einzige Ausweg.

Der gut acht Kilometer lange Radweg, der vom nördlichen Hinterausgang des Schlossparks schnurgerade bis nach Leopoldshafen führt, ist gewissermaßen die Kordel, an dem der Karlsruher Fächer baumelt.

Ursprünglich hatte Markgraf Karl Wilhelm als Modell für seine Residenzstadt nicht unbedingt das modisch-kokette Accessoire einer Hofdame geplant. Eigentlich sollte sein sonnengelbes Schloss in alle Richtungen leuchten, sollte einem Himmelskörper gleichen mit einem Kranz aus Straßenstrahlen – und mitten darin er selbst als glühendes Zentrum. Doch gleich hinter seinem Schloss begann der Wald, in dem er so gern jagte, und deshalb waren die Alleen des Nordhalbkreises schmal und verloren sich rasch im grünen Dickicht der Bäume. Es wäre töricht gewesen, einen Haufen breiter

Prachtstraßen durch den Hardtwald zu hacken, deren Leere dem Markgrafen nur vor Augen geführt hätte, dass er eben nicht der Sonnenkönig war. Und so wurde Karlsruhe statt eines phallischen Panoptikums ein femininer Fächer. Die Mittelachse des Schlosses, die Karl-Friedrich-Straße, führt im Süden zum Marktplatz und der großen Pyramide. Hinter den Schnörkeln des schmiedeeisernen Wildparktors heißt sie Linkenheimer Allee. Der urbane Name »Allee« täuscht. Zwar säumen Bäume diesen Weg, aber ist eine Straße auch dann noch eine Allee, wenn hinter den angrenzenden Baumreihen noch mehr Baumreihen stehen und hinter diesen noch mehr und dahinter noch viele mehr? So gesehen ist jeder Waldweg eine Allee. Der Name »Linkenheimer« täuscht übrigens auch: Die rückwärtige Schlossachse hat es nie bis nach Linkenheim geschafft und würde selbst in einer imaginierten Verlängerung eher seitlich an Linkenheim vorbeiführen.

Ich komme von Norden nach Süden, vom Land in die Stadt. Der Ortsteil Eggenstein hat noch die Karlsruher Telefonvorwahl, mein Heimatdorf Leopoldshafen hat jedoch eine Ziffer mehr, und damit sind wir ganz klar die Ländler: Wir liegen noch ein Stück weiter hinten im Wald. Deswegen müssen wir uns auf dem Fahrrad bis zum Pfinzkanal irgendwie durchschlagen. Meine favorisierte Hängebrücke über diesen Kanal besteht aus einem einfachen Gitterrost mit Geländer, man kann im Fahren durch die Löcher im Gitter schauen und unter sich das Wasser sehen, die Schlingpflanzen und Blesshühner. Hier verläuft die Grenze zwischen Eggenstein und Leopoldshafen, jene beiden Dörfer, die sich bei ihrer Zusammenlegung nicht auf einen neuen Namen einigen konnten und nun als Eggenstein-Leopoldshafen den zweifelhaften Ruhm genießen, mit 23 Buchstaben einen der längsten Ortsnamen Deutschlands zu führen.

In meiner Kindheit liefen Eggensteiner sowie Leopoldshafener im Winter auf der Pfinz Schlittschuh, das Eis war nur mittelgut, und unter den breiteren Brücken standen Pfützen – nicht aber unter dieser durchlässigen Gitterbrücke. Fährt man mit dem Rad oben drüber, surren die Reifen leise auf dem glatten Untergrund, bevor sie danach wieder über den Schotterweg hoppeln oder, wenn er gerade frisch aufgefüllt wurde, im knirschenden Rollsplit versinken. Der Schotterweg ist das offizielle Ende der Linkenheimer Allee, für uns aus den nördlichen Hardtdörfern ist er jedoch der verheißungsvolle Auftakt. Bald schon spüre ich festen Asphalt unter dem Rad, und danach gibt es bis zur Innenstadt eigentlich nur noch zwei kleine Hindernisse: die Schranke, an der man aber locker links oder rechts vorbeikommt, und die querende Landesstraße, auf der die Autos nachts mit hoher Geschwindigkeit aus dem Wald schießen. Sind diese überwunden, erstreckt sich der glatte, breite Fahrradweg ohne Kurve, ohne Steigung, ohne Ampel, Zebrastreifen, ja, eigentlich ohne ein einziges wirklich bedeutendes Straßenschild durch den Wald. Bis zum Schloss muss man ab jetzt kein einziges Mal absteigen. Ja, eigentlich muss man nicht einmal mehr auf den Weg schauen.

Wenn die vereinzelten Fahrradpendler in ihren Büros oder Wohnzimmern sitzen, habe ich die Allee ganz für mich. Ab und zu überhole ich Leute, die joggen, seltener mal ein paar Inlineskater, und bisweilen kommt mir jemand auf dem Fahrrad entgegen, aber über weite Strecken bin ich allein im Wald. Jeder Abschnitt der Allee ist ein wenig anders, und auf jeder Fahrt hat sich wieder etwas anderes verändert: Mal sind die Bäume höher, mal kahler, mal liegen Stapel gefällter Stämme rechts und links am Wegesrand, mal gelbe Ahornblätter, und an manchen Stellen ist alles voller rotbrauner Tannennadeln. Oder voller Buschwindröschen.

Zu jeder Tages- und Jahreszeit riecht es anders. Im Frühling duftet es an manchen Stellen nach Waldmeister, im Sommer nach blühenden Robinien, im Herbst nach Nebel, Pilzen und Baumrinde. Im Winter riecht der Wald kaum, nur beim Atmen schmeckt man den Schnee in der Luft – aber auch den nassen Straßenbelag. An manchen Tagen riecht die ganze Allee nach Harz, an anderen nach Moos und an wieder anderen nach grünen Blättern.

Auf der Höhe von Neureut gibt es ein Wegstück, an dem Birken und Gras wachsen und die Straße fast ein wenig hügelig wird. Dort ist es viel heller als im übrigen Wald. Morgens kreuzen Rehe den Weg, krachen durchs Unterholz, bleiben kurz auf dem Asphalt stehen und schauen dir still entgegen, bevor sie rasch auf die andere Seite huschen und zwischen den Bäumen verschwinden. Ich habe hier schon Mäuse herumflitzen sehen, kupferfarbenen Blindschleichen über die Straße geholfen, und nachts ist einmal eine Eule so nah über meinem Kopf hinweggestrichen, dass ich glaubte, den Luft-

»Im Frühling duftet es an manchen Stellen nach Waldmeister, im Sommer nach blühenden Robinien, im Herbst *nach Nebel, Pilzen und Baumrinde.*«

KATHARINA HAGENA

zug ihres Flügels an meiner Wange zu spüren. Der Eichelhäher stößt seinen Warnschrei durch den Wald, Eichhörnchen kratzen aufgeregt die Stämme hinauf. Im Mai ruft der Kuckuck, und fast das ganze Jahr über fliegen einem kleine Fliegen ins Auge.

Als ich nach dem Abitur ein Praktikum am Kinderkrankenhaus absolvierte, fuhr ich jeden Tag entweder ganz früh morgens oder um die Mittagszeit auf der Linkenheimer Allee in die Stadt und nach getaner Arbeit wieder zurück. Die Arbeit war ungewohnt und anstrengend, einige der Kinder wurden nicht wieder gesund, bei anderen hatte ich das Gefühl, dass sie im Krankenhaus besser aufgehoben waren als zu Hause, aber genau diese Kinder hatten das schlimmste Heimweh. Vielleicht um das ganze Leid besser auszuhalten, vielleicht auch, weil mir bei der Arbeit etwas Grundlegendes fehlte, musste ich in dieser Zeit ununterbrochen und in jeder freien Minute lesen. Auf meinem Weg in die Stadt und wieder zurück hatte ich jeweils eine halbe Stunde, in der ich nicht lesen, aber außer Fahrrad zu fahren auch nichts anderes machen konnte. Da ich den Weg blind kannte und er sich ohnehin von alleine fuhr, versuchte ich zunächst, auf dem Rad weiterzulesen, aber das klappte nicht gut: Beim Halten des Buchs wurde mir der Arm lahm, die Finger fingen an sich zu verkrampfen, beim Umblättern mit der anderen Hand musste ich mich jedes Mal wieder auf dem Sattel aufrichten, um nicht das Gleichgewicht zu verlieren. Eigentlich war das Lesen auf dem Fahrrad nur mit den gelben Reclambändchen möglich, aber sie zerknitterten, sobald man beide Hände an den Lenker nahm. Voll in die Lektüre eintauchen konnte ich selbst bei den leichtesten Büchern nicht (ich spreche hier ausschließlich von ihrem Gewicht). Denn zu meinem schmerzlichen Erstaunen stellte ich fest, dass man sogar fürs Schnurgeradeausfahren ziemlich oft auf die Straße schauen musste.

Was man allerdings hervorragend auf dem Fahrrad lesen konnte, waren Gedichte: Gedichte sind kurz, die meisten von ihnen passen auf eine kleine Seite, und, wenn man sie an die Lenkstange klebt, kann man entspannt nach jedem Vers hochschauen. Außerdem ist es schön, sie laut zu lesen, was einem zuhause peinlich ist, aber beim Fahren durch einen leeren Wald plötzlich sinnvoll und angemessen erscheint.

In den sechs Wochen meines Praktikums lernte ich fast täglich ein Gedicht auswendig. Beim Auswendiglernen kann man nämlich noch besser auf den Weg sehen, und je mehr Gedichte man auswendig kennt, desto weniger Bücher muss man mit sich herumschleppen. Auswendig gelernte Gedichte stehen verlässlich bereit, wenn es einem selbst die Sprache verschlägt. Bei einem Praktikum im Kinderkrankenhaus kommt zum Beispiel Rilkes rastloser Panther sehr gelegen: »und hinter tausend Stäben keine Welt«. Bei Dämmerung im Hardtwald hilft der Erlkönig zugleich beim Gruseln wie beim Ablenken vom Gruseln. Die Herbstgedichte von Hebbel, Huchel, Benn oder Nietzsche flüstere ich nicht nur im Wald vor mich hin, ich brauche sie jedes Jahr, je nachdem ob die Luft still ist, »als atmete man kaum« oder ob die »Sibylle des Sommers« gerade ihr Haar an den Bäumen festknotet, ob die Götter die Waage noch für »eine zögernde Stunde« anhalten oder ob mir der Herbst das Herz zu brechen droht und ich mir zurufen muss: »Flieg fort, flieg fort«.

Während des Krankenhauspraktikums merkte ich, dass ich mich auf meinen lyrischen Fahrradweg mehr freute als auf alles andere, dass mich Versfüße tiefer bewegten als gebrochene Füße, unreine Reime mehr faszinierten als »unklare Bäuche«. Die Linkenheimer Allee ist schuld, dass ich mein Leben nicht der Rettung von Menschenleben, sondern der Literatur gewidmet habe, an deren rettender Kraft ich jedoch nur selten gezweifelt habe.

Mein Weg endet, wie er beginnt: mit einer Fahrradbrücke und einem unbefestigten Weg. Der Wald wird lichter, Stadtgeräusche dringen ans Ohr. Ich muss etwas Tempo aufnehmen, beide Hände am Lenker halten und in einen niedrigeren Gang schalten, um die Brücke glatt hochzukommen. Unter mir dröhnt der Verkehr auf dem vierspurigen Adenauerring. Beim Hinunterfahren schalte ich in den höchsten Gang und hoffe, dass mir niemand entgegenkommt. So kann ich mich mit Schwung in die einzige richtige Kurve legen: die von der Brücke auf das letzte Stück der Allee, den Schotterweg zum nördlichen Parktor. Sobald ich dessen wuchtige Pfosten aus rotem Sandstein passiert habe, bin ich im Schlosspark mit dem Ententeich, den exotischen Bäumen und der kleinen Eisenbahn, mit der Orangerie und natürlich Markgraf Karls sonnengelbem Schloss. Dann fächert sich die Stadt vor mir auf. Schlägt ein Rad wie ein Pfau. Bunt und schillernd.

22

# LINKENHEIMER ALLEE

»Der Platz der neuen Stadt hätte in der That nicht eigensinniger erdacht werden können; indem die cirkelförmige Gestalt dazu ausersehen wurde. Das fürstliche Schloß, und zwar namentlich der achteckige Schloßthurm, wurde als Mittelpunkt angenommen, und um diesen herum von der einen Seite her die Stadt in Form eines halben Circels, oder – wie man gewöhnlich sagt – eines Sonnenfächers, angelegt. Zu dem Ende wurde nach den zwey und dreysig Winden eben so viele Alleen als Radien des Cirkels durch den Wald gehauen, die sich alle auf den Schloßthurm, als ihren gemeinschaftlichen Mittelpunkt, concentrieren. Neun davon nahm man zur Stadt und zwar zu den neun Hauptstraßen derselben. Die übrigen drey und zwanzig, die zum Theil mehrere Meilen lang sind, führen nach umliegende Flecken, Dörfer und Felder, von denen sie die

Namen führen; wiewohl sie nebst den neun Straßen bey Anlegung der Stadt zugleich den Namen eines Prinzen vom Hause oder eines dortigen Herrn von Adel erhielten.« Der Gelehrte und Schriftsteller Friedrich Leopold Brunn (1758–1831) hatte von 1785 bis 1786 eine Stelle als Hauslehrer in Karlsruhe. Einige Jahre danach schrieb er seine Betrachtungen über die Stadt in Briefform nieder, zur damaligen Zeit eine beliebte literarische Form, 1791 wurden sie als Buch veröffentlicht.

Die Linkenheimer Allee ist ein Strahl der Karlsruher »Sonnenuhr«. Sie beginnt am nördlichen Tor des Schlossgartens und führt hinaus durch den Hardtwald bis zum Pfinz-Entlastungskanal. Mit acht Kilometern Länge gehört sie zu den längeren »Sonnenstrahlen«, der längste ist mit zwölf Kilometern die Grabener Allee.

Die Gründung der Stadt Karlsruhe 1715 ist die letzte große Stadtgründung in Deutschland, die auf dem Reißbrett entworfen wurde.

Vom Schlossturm aus gesehen, bilden die neun südlichen Strahlen das Zentrum der Stadt. Die nördlichen 23 Strahlen waren Alleen des Schlossparks und führten in den Hardtwald. Zwei Kreise durchschneiden die Strahlen: Der kleinere Kreis umschließt den Schlossgarten im Norden mit einer Mauer, im Süden wurde der Zirkel mit Verwaltungsgebäuden angelegt. Der größere Kreis markierte die Stadtgrenze: im Norden die heutige Adenauerallee, in den anderen Himmelsrichtungen befanden sich die Stadttore: Durlacher, Ettlinger, Karls- und Mühlburger Tor.

Schon bald wuchs die Stadt über den Zirkel hinaus, der Innenstadtfächer wurde aber fortgeführt. Die Straßen wurden zuerst nach Adligen benannt, es setzte sich aber im Volksmund, dann auch offiziell die Bezeichnung nach den Gasthäusern durch, die an ihnen lagen, und statt umständlich »Graf Leiningsche Gasse«, »Löwencarnzische Gasse« oder »Güntzerische Gasse« hießen sie Lammstraße, Ritter-, Kreuz-, Adler-, Kronenstraße. Inzwischen mussten die alten Stadttore der Straßenbahn und dem immer stärkeren Autoverkehr weichen. Keines der ehemals sechs Stadttore ist erhalten. Teile des Mühlburger Tors haben ihre letzte Ruhe im Botanischen Garten gefunden und dienen als nördlicher Ausgang in den Schlossgarten.

Die Alleen im Wald wurden später nach den Ortschaften benannt, zu denen sie führten: Die Linkenheimer Allee führt also in Richtung Linkenheim, endet aber schon kurz davor in Leopoldshafen.

Hinter dem nördlichen Schlossgartentor wurde entlang der Linkenheimer Allee bis zum Adenauerring von der Schutzgemeinschaft Deutscher Wald e.V. ein Pfad der Nachhaltigkeit angelegt. Durch Waldfenster und Infotafeln sollen die Menschen für die Bedeutung und Achtung der Wälder sensibilisiert werden. Themen wie Wasser und Wald, naturgemäße Waldwirtschaft, Holz als nachwachsender Rohstoff oder Erholung im Wald laden zum Verweilen ein. Zu jedem Thema beziehungsweise Fenster hat der Bildhauer Hans Wetzl, der auch Betriebsleiter im Bereich Wasserbau beim Tiefbauamt Karlsruhe ist, Holzskulpturen geschaffen.

*Über*

# Katharina Hagena

Katharina Hagena ist in Karlsruhe geboren und in Leopoldshafen aufgewachsen. Damit ist sie die einzige Badenerin in ihrer Familie. Nach ihrem Abitur am Gymnasium Neureut ging sie zum Studieren (Anglistik und Germanistik) nach Marburg, London und Freiburg. Für ihre Doktorarbeit über James Joyce forschte sie eine Zeit lang in Zürich, und ihre erste Arbeitsstelle als Dozentin für Deutsche Sprache und Literatur war am Trinity College in Dublin. Es folgten Lehraufträge für Englische Literatur an den Universitäten in Hamburg und Lüneburg. Ein weiteres Buch über Joyce' *Ulysses* erschien 2006. Bald merkte sie, dass sie nicht ausschließlich *über* Literatur schreiben konnte und wollte, und so begann sie ihren ersten Roman, *Der Geschmack von Apfelkernen*, der 2008 bei Kiepenheuer & Witsch erschien. Er wurde bislang mehr als 1,5 Millionen Mal verkauft, in 26 Sprachen übersetzt und für das Kino verfilmt. Vier Jahre später folgte *Vom Schlafen und Verschwinden.* Dieser Roman ist unter anderem eine Liebeserklärung an Hagenas nordbadische Heimat mit ihren Auwäldern, Baggerseen und Altrheinarmen. 2016 erschien *Das Geräusch des Lichts*, ein Roman, in dem Karlsruhe eine kleine, aber wichtige Rolle spielt. Katharina Hagena lebt mit ihrer Familie in Hamburg. Zurzeit arbeitet sie an ihrem vierten Roman. Ihr jüngstes Buch – über die Insel Spiekeroog – erscheint 2020 im mareverlag.

CHRISTIANE MÖSCHLE

*Autorin und Verlegerin*

KATJA SIEVERS

*Fotografin*

# SCHAUBURG

»Wenn man durch die lange Halle
im Foyer mit seiner schönen Treppe
und den goldenen Wänden und dem
Kronleuchter ankommt, hat man das Gefühl,
als wäre *die Zeit stehen geblieben.*«

KATJA SIEVERS

*»Die Schauburg ist mehr als ein Kino. Sie ist ein Herzstück der Südstadt«, sagte die frühere Erste Bürgermeisterin von Karlsruhe Margret Mergen anlässlich der feierlichen Eröffnung der »Georg-Fricker-Stiftung« 2010. Für Christiane Möschle und Katja Sievers ist sie ein wichtiger Teil des kulturellen Lebens der Stadt.*

# Abspann

**Christiane Möschle:** Wir haben uns für die Schauburg als Ort entschieden, weil sie für uns beide zum kulturellen Leben der Stadt dazugehört. Keine der Frauen hat sie letztendlich gewählt, obwohl die eine oder andere es sich überlegt hat. Also haben wir sie genommen. Außerdem konntest du dank der Spiegel ein Foto machen, auf dem wir beide drauf sind. Kannst du dich an deinen ersten Kinobesuch in der Schauburg erinnern?

**Katja Sievers:** Ja, ich weiß nur nicht mehr genau, wann das war. Es muss irgendwann Ende der 1980er, Anfang der 1990er Jahre gewesen sein. Ich war von dem Kronleuchter im Treppenhaus total begeistert. Wenn man durch die lange Halle im Foyer mit seiner schönen Treppe, den goldenen Wänden und dem Kronleuchter ankommt, hat man das Gefühl, als wäre die Zeit stehen geblieben. Gefühlt kenne ich die Schauburg schon immer, und es ist das einzige Kino in Karlsruhe, in das ich gehe. Jeden Donnerstag schaue ich im neuen Programm welche Filme kommen. Ich habe keinen Fernseher und gehe mindestens zwei bis drei Mal im Monat ins Kino. Da tauche ich dann für einen Moment in eine andere Welt ein, das ist für mich mein Abschalten vom Alltag. Im Sommer gehe ich auch gern ins Open-Air Kino im Schloss Gottesaue. Kannst du dich noch an deinen ersten Kinobesuch hier erinnern?

**CM:** Nicht auf den Monat genau, aber es war im Herbst 1990. In diesem Jahr habe ich im Sommer meinen Mann kennengelernt, und wir haben viel zusammen unternommen. Er wohnte damals schon in Karlsruhe, ich in München. Wir trafen uns öfter in Karlsruhe und sind einmal zusammen in die Schauburg gegangen und haben uns »Leningrad Cowboys Go America« von Aki Kaurismäki angeschaut. Er lief im scharlachroten großen Schauburgsaal. Ich bin damals sehr oft ins Kino gegangen und kannte auch ein paar schöne Kinos in München. Aber die Schauburg hat mich doch beeindruckt. Vor allem hätte ich nicht gedacht, dass es in Karlsruhe so ein Kino gibt. Es liegt ja auch fast etwas versteckt in einer Seitenstraße. Mir gefielen zwar auch das Treppenhaus, die goldenen Wände und die Kronleuchter, aber am meisten beeindruckte mich dieser knallrote Saal, in dem wirklich alles rot ist, von den Wänden, zum Boden, den Sitzen, dem Vorhang, sogar die Geländer sind zum Teil rot – eine wirklich sehr spezielle Kinoatmosphäre. Und dann noch dieser schräge Film von Kaurismäki. Das wird mir ewig in Erinnerung bleiben. Seit 2013 wohne ich in der Innenstadt, und wenn ich ins Kino gehe, dann in die Schauburg. Es ist auch für mich das einzige Kino in Karlsruhe, in das ich gehe. Und ich gehe immer noch gern ins Kino, wenn auch nicht mehr so oft wie früher.

Du lebst seit einem Jahr wieder in Karlsruhe, bist zwar hier aufgewachsen, hast aber einige Zeit in Göttingen gelebt. Worin unterscheiden sich für dich die beiden Städte?

**KS:** Als ich nach Göttingen gezogen bin, habe ich mich sofort verliebt in dieses kleine charmante Städtchen. Es besticht durch viele wunderschöne grünbewachsene Altbauviertel, nette Cafés, man fühlt sich herzlich aufgenommen und durch die Kleinstadtatmosphäre gut behütet. Aber obwohl ich mich dort so wohl gefühlt habe, wurde es für meine beruflichen Pläne nach all den Jahren zu »klein«. In mir wuchs immer mehr der Wunsch, mich mit der Fotografie selbständig zu machen und ganz meiner Leidenschaft nachzugehen.

Meine sonnige Heimat Karlsruhe rief immer mehr nach mir und schien mir hinsichtlich eines beruflichen Neustarts ein guter Ort zu sein. Die Gründerszene ist hier unglaublich ausgeprägt und wird vielseitig gefördert. Die Menschen begegneten mir sehr offen, waren sehr interessiert an meiner Arbeit. Außerdem ist da die Nähe zu Paris, meiner zweiten Herzensheimat. Ich bin jetzt wieder viel öfter dort, und meine Kreativität wird neu entfacht. Sie schlief in der Gemütlichkeit Göttingens etwas ein. An Karlsruhe liebe ich die vielen Sonnenstunden, die warmen mediterranen Sommerabende, kulturell bietet Karlsruhe ein vielfältiges und breitgefächertes Angebot, und spätestens wenn die bekannte Leidensphase der Baustellenära vorüber ist, wird der Aufschwung und Wandel noch deutlicher zu spüren sein, der in dieser Stadt pulsiert. Karlsruhe hat eine angenehme Stadtgröße, die mich nicht überfordert und alles bietet, was für mich das Stadtleben lebens- und liebenswert macht.

Seit wann bist du hier?

**CM:** Ich habe von 2001 bis 2005 schon einmal in Karlsruhe gewohnt, zuerst in der Karlstraße, dann in Durlach. Seit 2013 wohne ich wieder hier, in der Innenstadt am Kaiserplatz in einem Haus, das Anfang des 20. Jahrhunderts von den Architekten Curjel & Moser gebaut wurde. Die Christuskirche gegenüber von uns wurde auch von den beiden gebaut. Karlsruhe hat, obwohl so viel im Zweiten Weltkrieg und auch danach zerstört wurde, immer noch einige schöne Häuser und Bauten. Aber seltsamerweise nimmt man sie oft gar nicht so bewusst wahr. Ich habe mich immer wieder mit der baulichen Geschichte von Karlsruhe befasst. Ich finde es unglaublich schade, wie viele Gebäude nach dem Zweiten Weltkrieg abgerissen wurden und durch wirklich hässliche Bauten ersetzt wurden, teilweise auch erst in den 1970er Jahren, ohne jede Notwendigkeit.

Durch die Arbeit an diesem Buch habe ich die Stadt neu erlebt, als wäre ich auf Besuch hier, bin auf viele Orte wieder aufmerksam geworden, habe sie teilweise neu entdeckt. In den Texten, die ich über die Orte geschrieben habe, habe ich mich wieder mit ihnen auseinandergesetzt. Das war eine schöne Erfahrung, und ich habe wieder einen etwas versöhnlicheren Blick auf die Stadt bekommen. Auch durch den Blick der Frauen. Er hat meine

Perspektive, meine Sicht auf die Stadt verändert. Zum Beispiel leide ich im Sommer sehr unter dem schwülen und heißen Klima. Durch das Gespräch mit Yoreme Waltz, die wie ich ein paar Jahre in Berlin gelebt hat, konnte ich es unter einem anderen Aspekt betrachten, nämlich dass diese Feuchtigkeit auch lebensnotwendig sein kann, dass sie auch belebend sein kann, dass man sich »wie ein Fisch im Wasser« fühlen kann. Sie sprach auch vom südfranzösischen Flair hier in Karlsruhe. Diesen Vergleich fand ich zuerst etwas befremdlich. Doch dann erst habe ich gesehen, wieviele Cafés es in Karlsruhe gibt, in denen man draußen auf dem Gehweg an der Straße sitzen kann, umgeben von Oleander und tatsächlich so etwas wie südlichem Flair, dank des warmen Klimas und dem besonderen Licht. Auch Annette Borchardt-Wenzel hat mir eine neue Perspektive geschenkt, durch den Ort, den sie sich ausgesucht hat. Ich war noch nie auf dem Schlossturm und fand die Aussicht von dort oben sehr besonders. Ein ganz anderer, neuer Blick auf die Stadt und die sie einbettende Landschaft. Oder der Spaziergang mit Dietlind Weinland auf der Altrheininsel: Schon allein die Fahrt mit der Straßenbahn dorthin, durch das enge Daxlanden, und dann muss man bei der Haltestelle »Altrheinbrücke« mitten auf der Straße aus der Bahn steigen.

**KS:** Ja, das fand ich auch amüsant. Da musste man aufpassen, dass man nicht von einem Auto erfasst wird. Ich war auch noch nie auf der Insel, das war ein schöner Spaziergang. Überhaupt war es für mich ein tolles Erlebnis, all die Frauen kennenzulernen. Jede ist anders, jede besonders, und alle waren sie unglaublich offen und unkompliziert. Durch ihre Ausstrahlung und ihren Charakter haben sie die entsprechende Stimmung in das Shooting gebracht, dadurch war wirklich jedes schön und besonders. Von Simone Dietz habe ich eine Privatführung über den Hauptfriedhof erhalten, mit Yoreme Waltz lernte ich die Landesbibliothek neu kennen. Das fand ich auch toll. Oder das Kupferstichkabinett mit Dorit Schäfer von innen zu sehen, das war auch ein Erlebnis. Und mit Christiane Riedel habe ich in der Wolke getanzt und bin dem ZKM quasi aufs Dach gestiegen. Die Wolkeninstallation war nur kurze Zeit zu sehen, das hat perfekt gepasst, so wie alle Shootings perfekt zu dem Moment gepasst haben. Nur einmal mussten wir eines verschieben, weil es regnete. Für mich war die Arbeit an diesem Buch und das Kennenlernen der Frauen sehr inspirierend. Ich habe so viel positives Feedback bekommen, was für meine Arbeit wichtig und für mich motivierend ist. Und abgesehen davon fand ich es auch schön, dass wir so viel gemeinsam unternommen haben und viel Zeit miteinander verbracht haben.

**CM:** Ja, das war ein schöner Nebeneffekt der Arbeit. Wir sind Sonntagmorgens um halb neun im Eiltempo auf der Linkenheimer Allee Richtung Pfinzbrücke geradelt, weil wir keinen Plan hatten, wie weit entfernt sie vom Schloss eigentlich ist, und wir dort um neun Uhr eine Verabredung mit Katharina Hagena hatten. Wir haben auf dem Turmberg an einem unglaublich schönen Spätsommertag die Aussicht genossen, auch das Shooting am Rhein war schön. Auch so ein Ort, den ich neu entdeckt habe. Ich empfand ihn immer wenig attraktiv, weil ich nur die Industrie drumherum wahrgenommen habe. Durch Dörthes Blick hat sich das relativiert. Wir saßen mit Christiane Riedel im ZKM und durften einen Blick in das legendäre Büro von Peter Weibel werfen, in dem man vor lauter Bücherbergen die Mitarbeiter fast nicht sieht. Das hat mich sehr beruhigt, denn in meinem Arbeitszimmer sieht es oft ähnlich aus. Bei mir stapeln sich auch oft die Papier- und Bücherberge. Das Shooting im Sonnenbad fand ich auch speziell, morgens um acht. Das war ein ungewöhnlich kalter Morgen, Nebelschwaden zogen über das Bad, wir waren viel zu leicht angezogen. Ich war froh, als beim Interview endlich die Sonne rauskam.

Aber auch abseits der Shootings haben wir viel Zeit miteinander verbracht: Wir sind ins Theater gegangen, um Claudia Hübschmann in »Viel Lärm um nichts« zu sehen, wir haben eine wunderschöne Fahrt ins Elsass gemacht, um ein Salonkonzert zu besuchen, das Yoreme Waltz organisiert hat. Und wir haben uns beide eine Jahreskarte für den Stadtgarten gekauft, die sich nach dem vierten Shooting dort bereits amortisiert hatte.

Also alles in allem hat es mir große Freude gemacht, mit dir zu arbeiten und dieses Projekt zu verwirklichen. Ich danke dir sehr dafür, liebe Katja.

**KS:** Ich danke dir auch, liebe Christiane, für dein Vertrauen und dafür, dass du mich für dieses Projekt ausgesucht hast.

CINEMA

23

## SCHAUBURG

Anlässlich des 70. Geburtstags von Großherzog Friedrich fanden 1896 im Stadtgartentheater, das 1913 für den Bau des Konzerthauses abgerissen wurde, die ersten Filmvorführungen statt. Das erste richtige Kino wurde 1907 in der Waldstraße 26 eröffnet, ein Ladenkino mit abgedunkelten Schaufenstern und einer Leinwand an der Stirnseite des Geschäfts. Das Kino hieß einfach nur »Kinematograph«, gezeigt wurden politische Kurzfilme und Kulturfilme, wie zum Beispiel »Der deutsche Kaiser in England – Ankunft in Portsmouth«. Zwei Häuser weiter, in der Waldstraße 30, wurde 1908 das Residenztheater mit versetzt angeordneten Sitzreihen und ansteigendem Boden eröffnet. 1930 wurde im »Resi« der erste Tonfilm gezeigt.

Die Schauburg wurde 1929 von Willy Mansbacher in den Räumen des Apollo-Varietétheaters eröffnet. Das Varieté wurde 1902 gegründet. Ab 1906 wurden hier unter der Bezeichung »Lebende Photographie« nach der Show Filmvorführungen gezeigt. 1912 eröffnete Salomon Mansbacher im Apollo-Theater das »Eldorado-Kinema«, das seinen Betrieb 1919 schon wieder einstellte. Sohn Willy startete einen neuen Versuch und schuf durch den Umbau, der 125.000 Reichsmark kostete, Raum für sechshundert Zuschauer.

Ab 1933 war Mansbacher antisemitischen Verfolgungen ausgesetzt, trotzdem konnte er 1935 und 1937 zwei weitere Kinos in Durlach übernehmen, das Markgrafen-Theater und die Skala Lichtspiele. 1936 musste Mansbacher nach den Nürnberger Gesetzen seine Kinos abgeben, sie wurden von der Schauburg GmbH unter Leitung des Bauunternehmers Richard Brannath übernommen. 1937 emigrierte er in die USA.

1953 kehrte er aus dem Exil zurück und erwarb in den Folgejahren die Kinos »Rheingold« in Mühlburg und das »Regina« in der Hebelstraße.

Im Zweiten Weltkrieg wurde die Schauburg komplett zerstört.

1949 wurde sie wieder neu aufgebaut. Das Treppenhaus mit seiner geschwungenen, gegenläufigen Treppe existiert zum Glück immer noch. Es steht mittlerweile unter Denkmalschutz.

Im großen Schauburgsaal fanden jetzt tausend Besucher Platz. Willy Mansbacher hat das Kino Ende der 1960er Jahre an die Deutsche Cinerama GmbH verpachtet, kündigte den Vertrag aber nach drei Jahren schon wieder.

Ende der 1960er Jahre setzte das große Kinosterben ein. Als der junge Kinoenthusiast Georg Fricker bei Mansbacher einen Saal mieten möchte, bekam er zur Antwort: »Mieten können Sie bei mir nichts, aber alles kaufen.« Und so kaufte Fricker entgegen aller Warnungen von Kollegen 1970 die Schauburg. Von Anfang an zeigte er ein anspruchsvolles Programm, und der Erfolg gab ihm recht. Seine Ausrichtung der Schauburg hat noch heute Bestand und gewann schon einige Auszeichnungen. Seit 2005 leitet Herbert Born die Schauburg.

Im großen Schauburgsaal, in den heute nur noch 350 Zuschauer passen, befindet sich hinter der Bildwand eine große Bühne mit Schnürboden, Künstlergarderoben, Technikräumen und aller notwendigen Bühnentechnik. 2019 feiert die Schauburg ihren 90. Geburtstag. Aus diesem Anlass wird die Bühne wieder einmal aktiviert und ein Konzert veranstaltet.

# ADRESSVERZEICHNIS

1 **Westflügel Schloss Karlsruhe**
Schloßbezirk 10

**Malika Reyad**
www.reyad.de
www.karlsruher-schlosskonzerte.de

2 **Badische Landesbibliothek**
Erbprinzenstraße 15
www.blb-karlsruhe.de

**Yoreme Waltz**
www.salonfestival.de

Café Rih
Waldstraße 3
www.caferih.de

3 **ZKM | Zentrum für Kunst und Medien**
Lorenzstraße 19
www.zkm.de

4 **Japangarten im Zoologischen Stadtgarten Karlsruhe**
Bahnhofplatz 4
www.karlsruhe.de/b3/freizeit/zoo

5 **Staatliche Majolika Manufaktur Karlsruhe**
Ahaweg 6-8
www.majolika-karlsruhe.de

6 **Schloss Gottesaue**
Am Schloss Gottesaue 7
www.hfm-karlsruhe.de

**Jaleh Perego**
www.fraktale-fugen.de

7 **Botanischer Garten Karlsruhe**
Hans-Thoma-Straße 6
www.botanischer-garten-karlsruhe.de

**Andrea Fábián**
www.tcm-karlsruhe.de

espresso tostino
Rösterei im Alten Schlachthof
Alter Schlachthof 29a
www.tostino.de

8 **Kupferstichkabinett der Staatlichen Kunsthalle Karlsruhe**
Hans-Thoma-Straße 2
www.kunsthalle-karlsruhe.de

9 **Badisches Landesmuseum**
Schloßbezirk 10
www.landesmuseum.de

**Annette Borchardt-Wenzel**
www.bnn.de

10 **Tasca do José**
Waldstraße 50
www.tascadojose.de

**Romy Ries**
ROMY RIES Concept Store
Yorckstraße 41
www.romyries.de

www.pavelmiguel.de

11 **Sonnenbad**
Am Sonnenbad 3
www.sonnenbad-karlsruhe.de

**Uli Fabry**
www.ulifabry.de

12 **Zoologischer Stadtgarten Karlsruhe**
Bahnhofplatz 4
www.karlsruhe.de/b3/freizeit/zoo

**Miriam Kungl**
Pâtisserie Ludwig
Waldstraße 85

Pâtisserie Ludwig TAKE AWAY
Am Stadtgarten 15
www.patisserie-ludwig.net

**13 Hauptfriedhof**
Haid-und-Neu-Straße 33
www.friedhof-karlsruhe.de

**Simone Maria Dietz**
www.kunstfilter-karlsruhe.de

**14 Café Karlkutta**
Tiergartenweg 10
www.karlkutta.de

**Claudia Hübschmann**
www.staatstheater.karlsruhe.de

**15 Atelier von Podewils**
Viktoriastraße 12

**Bronislava von Podewils**
www.bronislava.de

**16 Badischer Kunstverein**
www.badischer-kunstverein.de

**Claudia Heinzler**
www.claudiaheinzler.de

**17 Schwanensee im Zoologischen Stadtgarten Karlsruhe**
Bahnhofplatz 4
www.karlsruhe.de/b3/freizeit/zoo

**Marie Madeleine Noiseux**
www.mariemadeleinenoiseux.com

**18 Burgbrunnen am Turmberg Karlsruhe - Durlach**
an der Reichardtstraße

**Azusa Takaso**
www.takaso.de

**19 Max-Reger-Institut**
Alte Karlsburg Durlach
Pfinztalstraße 7
www.max-reger-institut-karlsruhe.de

**20 Rhein beim Hofgut Maxau (Knielingen)**
www.hofgutmaxau.de

**Dörthe Mandel**
www.staatstheater.karlsruhe.de

**21 Altrheininsel Rappenwörth (Daxlanden)**
www.nazka.de

**22 Linkenheimer Allee**

**Katharina Hagena**
www.katharinahagena.de

**23 Schauburg**
Marienstraße 16
www.schauburg.de

**Christiane Möschle**
Panima Verlag
Leopoldstraße 2
76133 Karlsruhe
www.panima-verlag.de

**Katja Sievers**
www.weststadtfrollein.com

DANKE

Unser Dank gilt zuallererst und vor allem den Frauen, die bei diesem Buch mitgewirkt und uns ihren Ort vorgestellt haben. Für uns waren es wunderschöne, inspirierende und herzliche Begegnungen. Herzlichen Dank für die Offenheit und die Bereitschaft, einen besonderen Ort und seine Geschichte preiszugeben.

Christina Krutz danken wir ebenfalls sehr herzlich. Sie hat dem Buch durch ihre grafische Gestaltung Leben eingehaucht, und die Fotografien und Texte zu einem außergewöhnlichen Gesamtbild zusammengesetzt. Es war eine harmonische und sehr konstruktive Zusammenarbeit, die große Freude bereitet hat.

Außerdem danken wir dem Badischen Landesmuseum, der Badischen Landesbibliothek, dem ZKM, dem Zoologischen Stadtgarten Karlsruhe, der Staatlichen Kunsthalle, dem Badischen Kunstverein, der Staatlichen Majolika Manufaktur, dem Sonnenbad, dem Max-Reger-Institut, der Schauburg, José von der Tasca do José und Dirk Zöller vom Karlkutta für die angenehme Zusammenarbeit und freundliche Unterstützung.

Originalausgabe



Fotografien Umschlag und Vorwort/Prolog: Christiane Möschle, Karlsruhe
(Umschlag oben: Figur »Lex« an der Fassade des Landgerichts in der Stephanienstraße;
Umschlag unten: Marktfrau hinter der kleinen Kirche in der Zähringer Straße;
S. 6: Najadenbrunnen, Schlossplatz; S. 10: Orangerie am Botanischen Garten;
S. 13: Stephanienstraße 25; S. 16: Regierungspräsidium zwischen Schlossplatz und Zirkel)

Fotografien Innenseiten: Katja Sievers, Karlsruhe

Karte Umschlag: Adobe Stock/ink drop
Karten Seite 4: Stadt Karlsruhe (www.karlsruhe.de)

Gesamtgestaltung und Satz: Christina Krutz, Biebesheim am Rhein

Druck und Bindung: Kösel GmbH & Co. KG, Altusried-Krugzell
Printed in Germany

ISBN 978-3-9820126-1-2

Panima Verlag
Christiane Möschle
Leopoldstraße 2
76133 Karlsruhe

www.panima-verlag.de